URBAN
SKETCHING

URBAN SKETCHING MIT DEM TABLET

Uma Kelkar

Übersetzung: Elvira Willems
Lektorat und Copy-Editing: Barbara Lauer, Bonn
Lektoratsassistenz: Anja Weimer
Satz: Petra Strauch, Bonn
Herstellung: Stefanie Weidner
Umschlaggestaltung: Janine May

Bibliografische Information der Deutschen Nationalbibliothek.
Die Deutsche Nationalbibliothek verzeichnet diese Publikation in der Deutschen Nationalbibliografie; detaillierte bibliografische Daten sind im Internet über *http://dnb.d-nb.de* abrufbar.

ISBN 978-3-86490-766-1

1. Auflage 2020

Wieblinger Weg 17, 69123 Heidelberg

Title of American original: Drawing with a Tablet – Easy Techniques for Mastering Digital Drawing on Location
Published by Quarry Books, a member of Quarto Publishing Group USA Inc.
ISBN: 978-1-63159-807-4

Schreiben Sie uns:
Falls Sie Anregungen, Wünsche und Kommentare haben, lassen Sie es uns wissen: hallo@dpunkt.de.

5 4 3 2 1 0

URBAN
SKETCHING

URBAN SKETCHING MIT DEM TABLET

Einfache Techniken für das digitale Zeichnen vor Ort

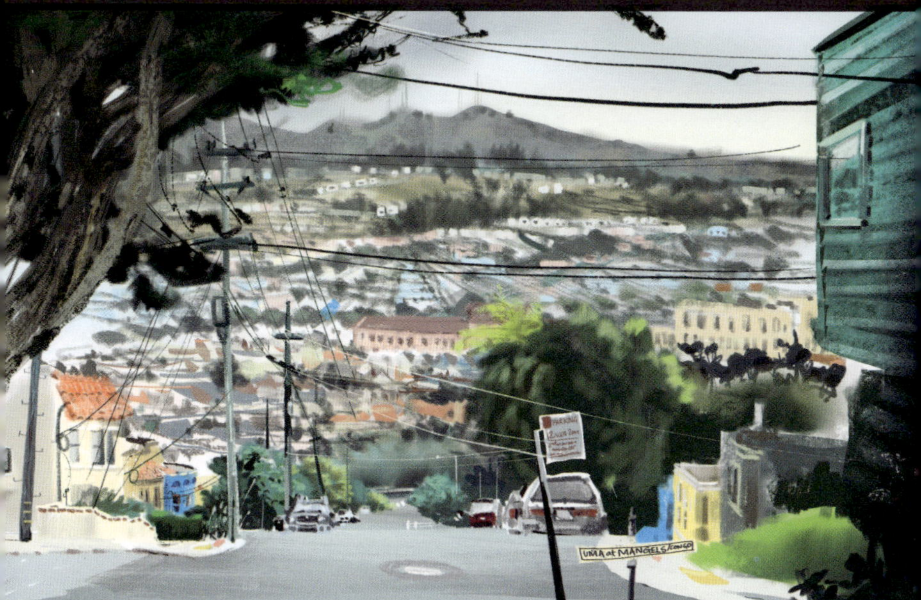

UMA KELKAR

QUARRY

dpunkt.verlag

Über diese Reihe

Die Reihe unserer Urban-Sketching-Bücher ist gewachsen und umfasst viele Bereiche – vom Zeichnen von Gebäuden und Menschen in der Stadt bis hin zum perspektivischen Zeichnen. Die Urban Sketchers haben das Zeichnen neu entdeckt und zum Trend gemacht, und in diesen Büchern geben wir unsere Tricks und Tipps an Menschen auf der ganzen Welt weiter. Das Urban Sketching ist zu einer breiten Bewegung mit vielen Anhängern und Enthusiasten geworden, die anderen helfen, im Zeichnen neue Wege zu erkunden und diese hektische Welt ein wenig zu entschleunigen.

Tablets sind ein wunderbares künstlerisches Werkzeug, mit dem wir die Welt auf ganz neue Art und Weise dokumentieren und zeigen. Vorbei sind die Tage, wo digitales Zeichnen nur im Atelier an einem großen Rechner mit einem teuren Grafiktablett möglich war. Doch die neuen Medien konfrontieren uns auch mit neuen Ängsten und neuen Hürden. Ja, das Zeichnen auf dem Tablet birgt ein paar Herausforderungen, doch es bietet auch Chancen und neue künstlerische Möglichkeiten. Dieses Buch zeigt Bilder vieler Zeichnerinnen und Zeichner, die vor Ort digital arbeiten. Sie haben diese Hürden genommen und laden Sie ein, sich ihnen beim digitalen Pleinairzeichnen anzuschließen.

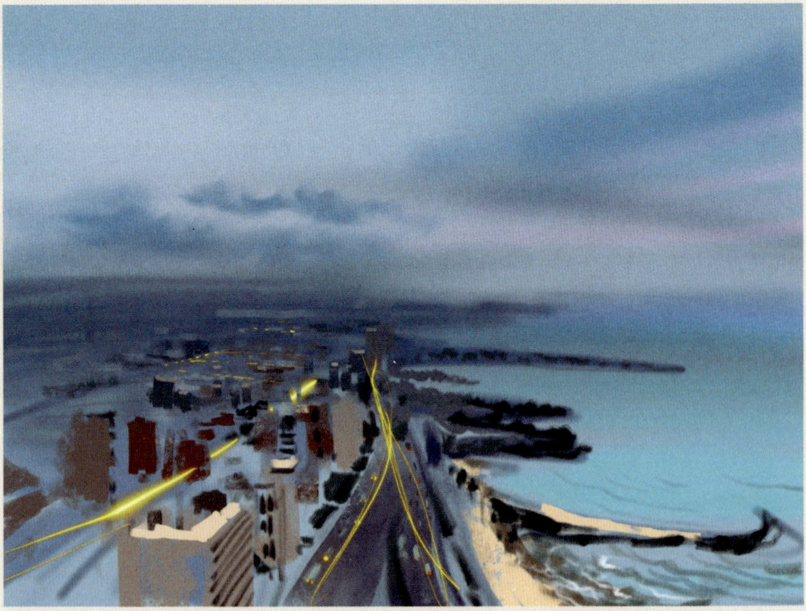

INHALT

UMA KELKAR
Chicago
Procreate

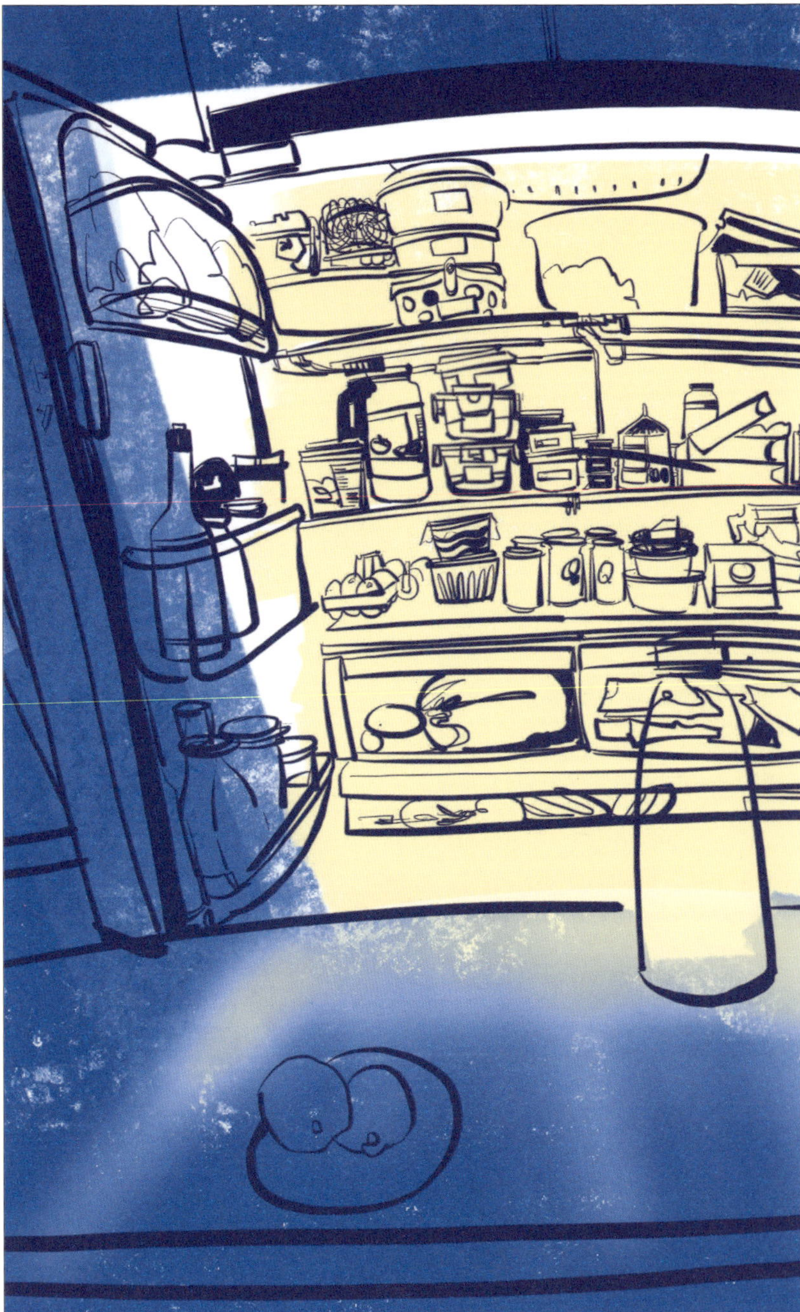

EINFÜHRUNG

2009 habe ich angefangen, einmal die Woche zu zeichnen. Bald entstanden ein Gemälde und eine Zeichnung pro Woche. Im Laufe der Zeit wuchs die Besessenheit, und ich malte und zeichnete zwei bis drei Mal die Woche. Je mehr Kunst ich teilte, desto öfter begegnete mir eine Vielzahl von Zeichenstilen und -techniken.

Anfangs erforderte die Ausrüstung für digitales Zeichnen und Malen große Investitionen in Software und Hardware, und es war nahezu unmöglich, draußen zu zeichnen. Mit dem Aufkommen von Tablets, die es ermöglichen, sich vom Schreibtisch zu entfernen, änderte sich das.

In diesem Buch möchte ich Ihnen eine Brücke zu einem neuen Medium bauen und Ihnen zeigen, wie attraktiv es ist. Im Gegensatz zu den anderen Büchern der Urban-Sketching-Reihe ist dies keine Anleitung zum Zeichnenlernen, und es ist auch kein Handbuch. Es ist vielmehr eine Art Spickzettel voller Ideen und Inspirationen. Ich möchte Ihnen das Gefühl geben, dass auch Sie Ihren Werkzeugkoffer erweitern können – ohne ihren gewohnten Medien untreu zu werden.

Wenn Sie neu sind in der Welt des Zeichnens, präsentiere ich Ihnen eine Möglichkeit, das kleinste Gerät mit dem größten Instrumentarium, das Künstlerinnen und Künstlern zur Verfügung steht, auf die Reise mitzunehmen. Neben den Informationen über die Software-Tools, mit denen man auf einem Tablet zeichnet, zeige ich, wie ich damit zeichne und welche Tricks ich mit der Zeit entwickelt habe. Diese persönlichen Dinge können Sie übernehmen oder nach Ihrem Bedarf zurechtschneiden. Jeder und jede kann ein Werkzeug so handhaben, wie sie es möchten, um eigene Ideen umzusetzen; und ich wünsche mir, dass dieses Buch für Sie zum Werkzeug wird, zum Sprungbrett.

Als die Menschen dazu übergingen, statt auf Höhlenwände oder Felsen auf tragbare Materialien wie Papier und Leinwand zu zeichnen, war das ein Wendepunkt in der Kunst. Mit dem Tablet stehen uns tragbare Leinwände, eine Vielzahl von Mixed-Media-Werkzeugen sowie eine unbegrenzte Farbpalette zur Verfügung. Dies bietet einen ganz neuen Zugang zur Kunst – und Sie haben daran teil.

UMA KELKAR

Strahlender Überfluss

Procreate

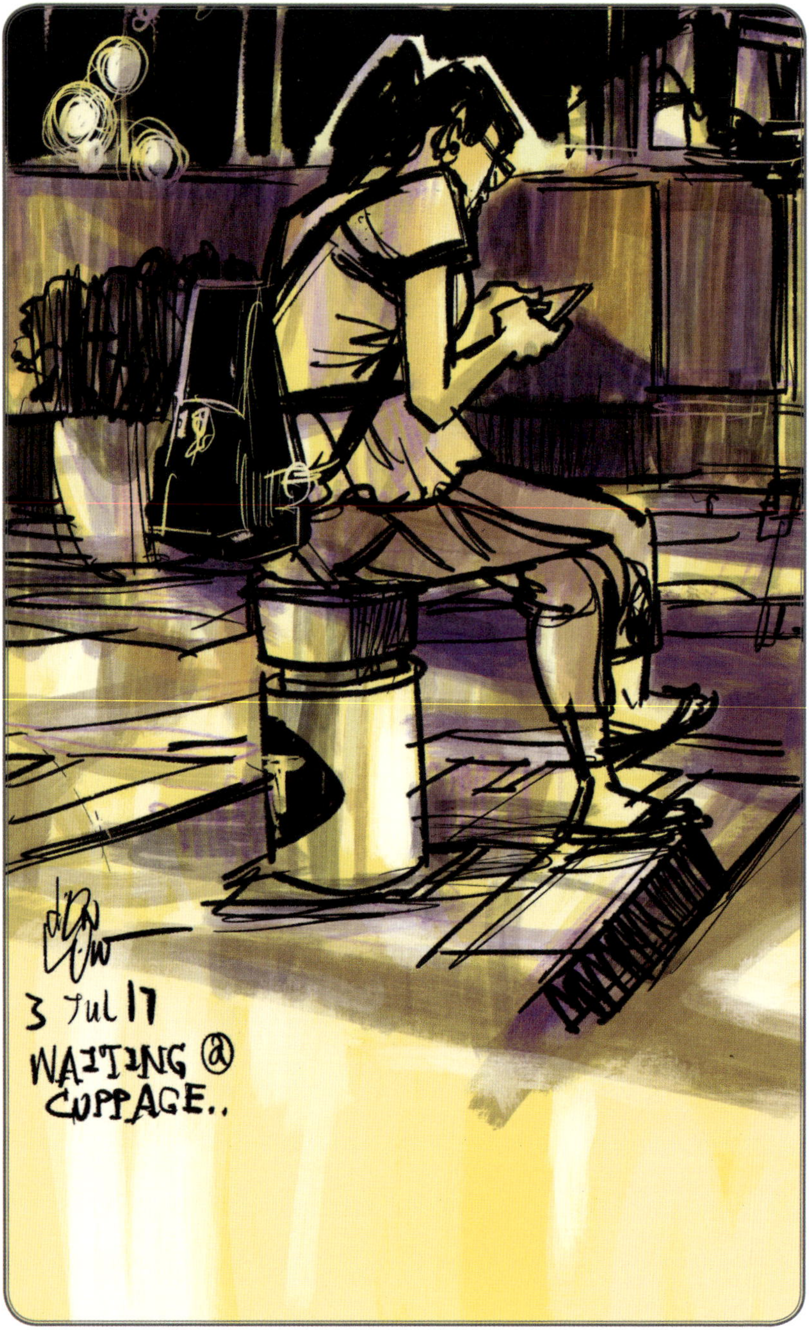
3 Jul 17
WAITING @
CUPPAGE..

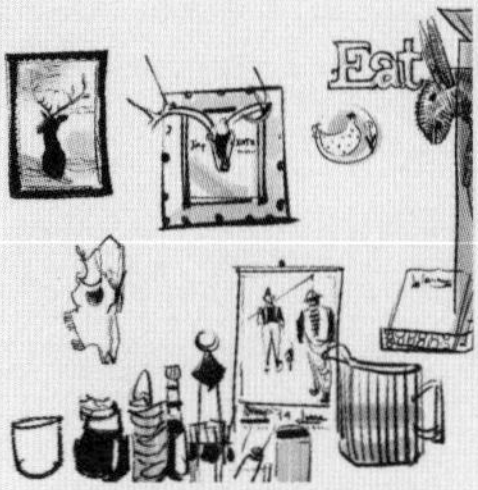

SCHLÜSSEL I
GRUNDAUSSTATTUNG

Falls Sie ein neues Tablet besitzen und einfach darauf loszeichnen möchten, dann lassen Sie sich von diesem Kapitel nicht aufhalten. Springen Sie einfach gleich zum nächsten Kapitel »Aller Anfang ...« (Seite 21)! Kehren Sie, nachdem Sie ein paar Tage mit dem Tablet gespielt haben, hierher zurück.

Drucksensitive Eingabestifte brachten die Wende für das Zeichnen auf dem Tablet. Mobile Tablets und Zeichen-Apps gibt es seit 2010. Sobald neue Geräte auf den Markt kamen, besuchte ich die Läden verschiedener Hersteller, um mir die neuste Technik anzusehen – nur um mich angesichts glatter Oberflächen und nicht reagierender Eingabestifte ein weiteres Mal enttäuscht abzuwenden. Das änderte sich im April 2017, als der Apple Pencil herauskam. Ich erinnere mich noch an den Augenblick, in dem der Strich auf meinen Druck reagierte und meine Meinung umschlug. Innerhalb von Minuten verließ ich den Laden mit meinem ersten Tablet und Pencil; und am Ende der ersten Woche fühlte ich mich überraschend wohl mit meinem neuen Werkzeug.

DON LOW

Auf die Bahn warten

Procreate

Mit einem Tablet sind nächtliche und andere Situationen mit wenig Licht für das Zeichnen kein Problem mehr. Bedenken Sie, wenn noch andere Menschen anwesend sind, bitte die Helligkeit Ihres Bildschirms.

Beginnen

Microsoft, Google, Apple und Samsung bieten Tablets mit verschiedenen Betriebssystemen an (z. B. iOS, Android und Windows). Und für alle Betriebssysteme gibt es zahlreiche Zeichen-Apps.

Die meisten Zeichenprogramme laufen auf mehreren Betriebssystemen, doch ein paar wichtige nicht (zum gegenwärtigen Zeitpunkt). Mit der Entwicklung neuer Software und Geräte kann kein Buch mithalten. Das macht nichts. Hier geht es um Grundsätzliches und die typischen Stolpersteine, die für alle relevant sind, die sich dieser Technik zuwenden.

Fast alle Apps haben die ersten Kinderkrankheiten überwunden: Handballenerkennung und Drucksensitivität. Die Handballenerkennung sorgt dafür, dass Ihr Tablet nur Informationen von Ihrem Eingabestift oder dem Finger aufnimmt, mit dem Sie zeichnen, und nicht von Ihrem auf dem Bildschirm aufliegenden Handballen. Drucksensitivität bedeutet, dass bei traditionellen Medien der Strich breiter wird, wenn Sie mit dem Zeichenwerkzeug fester aufdrücken. Entsprechend erwarten wir, dass digitale Apps die Druckänderungen mit vergleichbar variablen Strichbreiten wiedergeben.

Bei den aktuellen Zeichen-Apps gibt es auch keine Verzögerung mehr zwischen dem Akt des Zeichnens und dem Sichtbarwerden der Zeichnung auf dem Bildschirm. Es gab eine Zeit, in der man beim raschen Zeichnen die Zeichnung auf dem Tablet nicht sehen konnte und sie just dann sichtbar wurde, wenn man die Linien ein zweites oder drittes Mal gezogen hatte. Der Verzögerungseffekt bedeutete, dass man doppelte Linien wieder rückgängig machen musste. Besonders frustrierend war das bei der Arbeit an filigranen Teilen eines Kunstwerks.

Die folgende Tabelle bietet eine Übersicht über aktuelle Zeichen-Apps.

	OS	Preis	Benutzerfreundlichkeit	Deutsche Version / Funktionen	Vektor-Zeichnungen
Procreate / Procreate Pocket	iOS	$	hoch	ja	nein
Tayasui Sketches	iOS, Android, Windows	kostenlos	hoch	ja	nein
Paper von WeTransfer	iOS	kostenlos	mittel	ja / hervorzuheben sind vor allem die Farbübergänge	nein
Zen Brush 2	iOS, Android, Windows	$	hoch	nein / Zeichen-App, die durch Beschränkungen zum Vereinfachen und Verlangsamen zwingt	nein
Adobe Illustrator Draw	iOS, Android, Windows	kostenlos	mittel	ja / Cloud Integration, arbeitet mit anderen Adobe-Werkzeugen	ja
Adobe Photoshop Sketch	iOS, Android	kostenlos	mittel	ja / Cloud Integration, arbeitet mit anderen Adobe-Werkzeugen	nein
Affinity Designer	iOS, Android, Windows	$$$	mittel	ja / läuft auf Tablets und Desktop-Computern	ja
ArtRage	iOS, Android, Windows	$	mittel	nein / hat sehr gute Pinsel für Ölmalerei	nein
Pixelmator	iOS	$	mittel	ja / läuft auf Tablets und Mac-Computern	nein
Autodesk Sketchbook	iOS, Android, Windows	kostenlos	mittel	ja	ja
Adobe Fresco	iOS, Windows	kostenlos	hoch	ja / Wasser- und Ölfarben-Pinseln verhalten sich beeindruckend realistisch	ja

Stand Anfang 2020

Es gibt natürlich noch viel mehr Programme. Für das Buch konzentriere ich mich hier auf diejenigen, die am häufigsten verwendet werden.

Glatte Oberfläche

Wollen Sie mit dem Tablet zeichnen, muss im Gehirn ein gewisses Maß an Umprogrammierung stattfinden. Wenn ich eine Woche lang nicht auf dem Tablet gezeichnet habe, kommt der Wendepunkt nach etwa zwei Stunden. Sie brauchen etwas Durchhaltevermögen, bis Sie die fehlende Griffigkeit des Bildschirms nicht mehr wahrnehmen. Bleiben Sie dran, eine Stunde am Tag, und nach drei Tagen stört Sie die glatte Oberfläche nicht mehr.

Sie werden sich an die glatte Oberfläche gewöhnen, doch eine Schutzfolie auf dem Tablet sorgt von Anfang für eine schönere Zeichenerfahrung. Diese Folien haben die Anmutung von Papier und reduzieren das Reflektieren des leuchtenden Tablets, wenn Sie im Sonnenlicht oder unter einem Scheinwerfer zeichnen. Ein weiterer Vorteil ist, dass nicht so viele Fingerabdrücke auf dem Bildschirm landen. Allerdings kann sich durch das Aufkleben einer Folie die Helligkeit des Bildschirms verringern. (Um die neuesten papierähnlichen Bildschirmschutzfolien zu finden, geben Sie bei der Suche »paper-like« mit ein.)

Wie Sie sitzen sollten

Tablets gibt es in verschiedenen Größen. Ein iPad mini lässt sich zum Beispiel beim Zeichnen in einem überfüllten Museum gut im Stehen halten. Für die größeren Tablets empfehle ich Ihnen, sich hinzusetzen oder den Arm aufzustützen, um dem Ermüden vorzubeugen. Tablets sind wunderbar tragbar, aber sie müssen auch gehalten werden. Das heißt, dass Ihre Körperhaltung beim Zeichnen so ähnlich ist, wie wenn Sie in ein Buch zeichnen. Achten Sie darauf, sich nicht zu stark darüber zu beugen, und machen Sie regelmäßig Pausen, besonders wenn Sie auf einem Klapphocker sitzen und draußen zeichnen. Zu Hause sollte das Tablet beim Zeichnen etwa auf Höhe einer Computertastatur sein, und Ihr Stuhl sollte die Lendenwirbelsäule gut stützen.

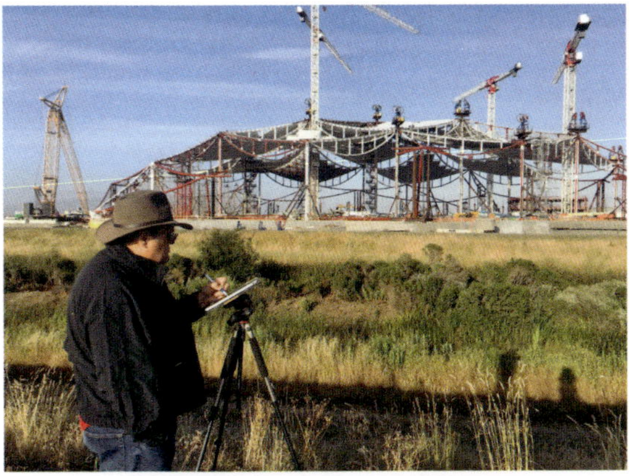

STEVE KRAPEK

Steve verwendet beim Zeichnen vor Ort eine Staffelei. So kauert er sich nicht vornüber. Und er kann das iPad so ausrichten, dass sich die Sonne nicht auf dem Bildschirm spiegelt.

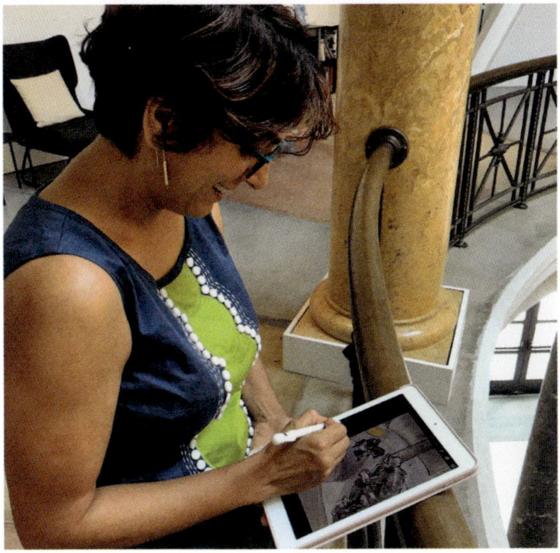

Ich stütze das Tablet auf einem Geländer ab, wie ich es auch mit einem Skizzenbuch machen würde.

Speichern

Wenn Sie mit dem Tablet arbeiten, brauchen Sie sich keine Sorgen darum zu machen, wo Sie Ihre Kunstwerke lagern, doch Sie müssen Ihre Arbeiten so speichern, dass Sie auch dann noch Zugang dazu haben, wenn das Gerät, auf dem sie entstanden sind, nicht mehr existiert. Informieren Sie sich darüber, ob die App, die Sie verwenden, Zugriff auf einen Cloud-Speicher bietet, um Ihre Bilder zu sichern. Ich empfehle Ihnen dringend, Ihre Arbeit bei einem Foto-Speicherdienst oder einem Cloud-Service hochzuladen.

Das Tablet laden

Statt eine Tasche mit Papier, Farben, Stiften und Ersatzpatronen zu packen, müssen Sie nur dafür sorgen, dass Ihr Tablet stets aufgeladen und zum spontanen Zeichnen bereit ist. Ich habe mir angewöhnt, am Abend sämtliche Geräte an einem Ort einzustöpseln – da, wo ich mir das Handy schnappe, wenn ich am nächsten Tag das Haus verlasse, um zur Arbeit zu gehen. Neben dem Handy habe ich inzwischen auch stets das iPad bei mir, damit ich, wenn sich im Alltag unvermutet eine kleine Lücke auftut, jederzeit zeichnen kann.

Die Akkulaufzeit Ihres Geräts bestimmt, wie lange Sie es verwenden können, besonders in der grellen Sonne. Suchen Sie sich, um die Zeichenzeit zu verlängern, einen schattigen Ort oder eine Stelle, wo Sie Ihr Tablet gegen das Licht halten können. Die meisten Künstler, die nur auf dem Tablet arbeiten, greifen auf eine Powerbank zurück. Die Ladezeiten werden (glücklicherweise) immer kürzer, und es ist möglich, ihr Tablet mit ein bisschen Saft zu versorgen, während Sie eine kurze Zeichenpause machen. Wenn Ihnen eine Powerbank zu schwer zum Schleppen ist, könnten Sie sich eventuell eine ins Auto legen. Viele Autos haben heutzutage auch einen USB-Anschluss, sodass Sie abwechselnd die Powerbank oder das Tablet laden können. Die Powerbank sollte eine Kapazität über 10.000 mAh haben, damit Sie voll aufladen können.

Das Tablet halten

Sie haben ein ganzes Atelier voller Farben und Materialien in Ihrem flachen Tablet, doch damit besteht auch das Risiko, dass das ganze Atelier verloren geht, wenn das Tablet einmal runterfällt. Deswegen brauchen Sie unbedingt entweder einen Tablethalter oder eine Schutzhülle. Das zusätzliche Gewicht der Hülle ist kein Argument dagegen. Ich bevorzuge einen Halter, auf dem ich das Tablet beim Zeichnen drehen kann. Wenn zu Ihrem Tablet eine Tastatur gehört, sollten Sie eine geeignete Hülle wählen.

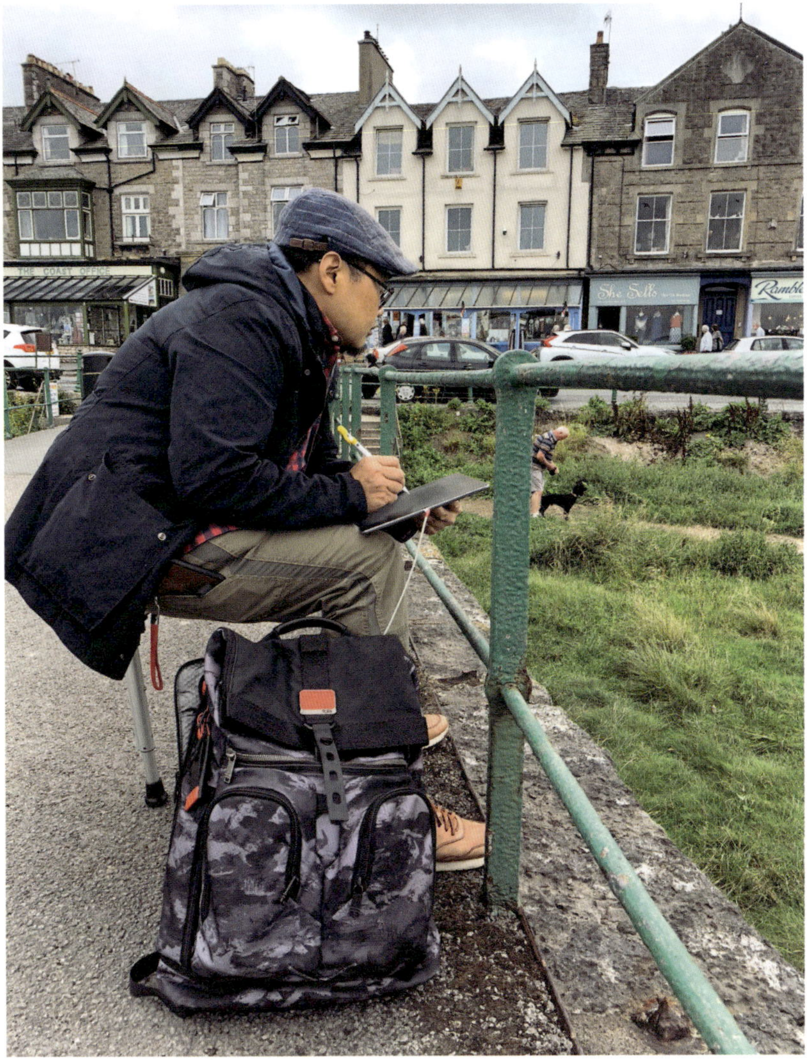

ROB SKETCHERMAN

Rob ist für jede Zeichensituation gewappnet. Hocker? Vorhanden. Tablethalter? Vorhanden. In der prallen Sonne zeichnen? Achten Sie auf das Ladekabel, das er angeschlossen hat, um seine Zeichenzeit zu verlängern.

Wo können Sie mit dem Tablet zeichnen?

Überall, wo Sie früher auch gezeichnet haben – und an viele anderen Orten, wo Sie früher nicht zeichnen konnten!

GABI CAMPANARIO

Warten bei der Zulassungsstelle

Procreate

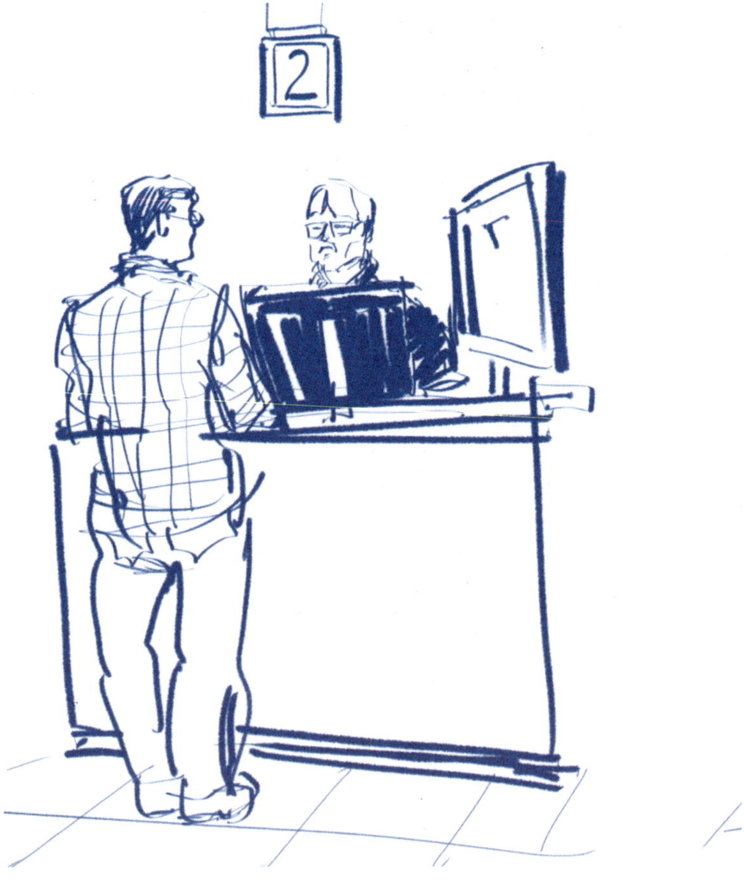

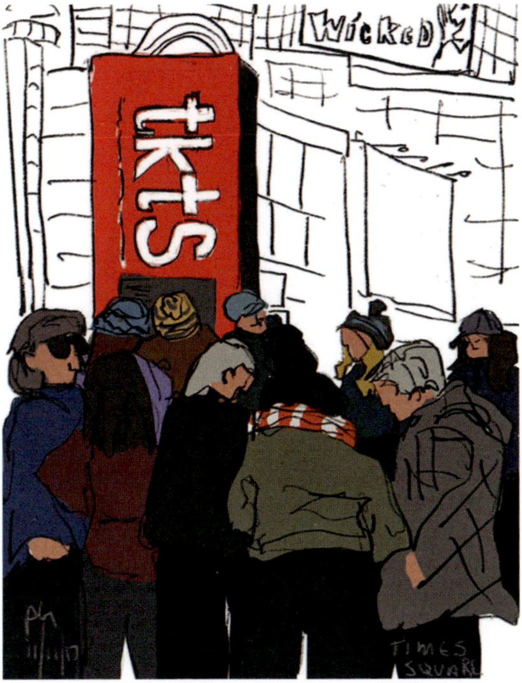

PATRICIA GAIGNAT

Mit Zeichnern aus New York City auf dem Times Square

Procreate

PAUL HEASTON

Von Lissabon nach Philadelphia

Procreate

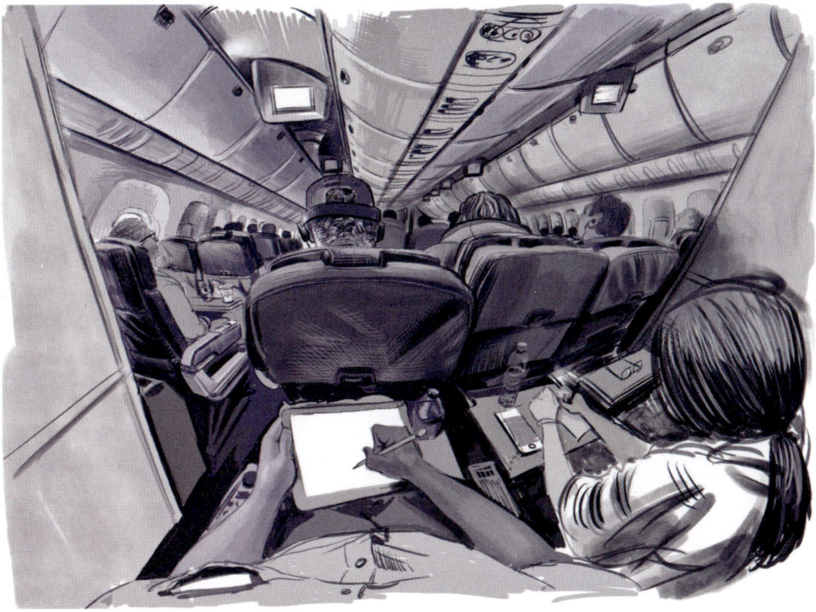

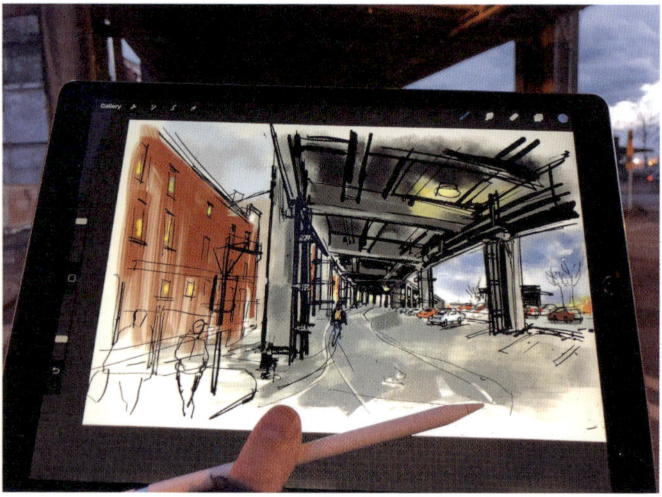

GABI CAMPANARIO

Unter der Brücke

Procreate

Gabi zeichnet häufig, wenn er Besorgungen erledigt und auf dem Weg zur Arbeit.

ROB SKETCHERMAN

Live-Zeichnen beim Apple-Launch

Procreate

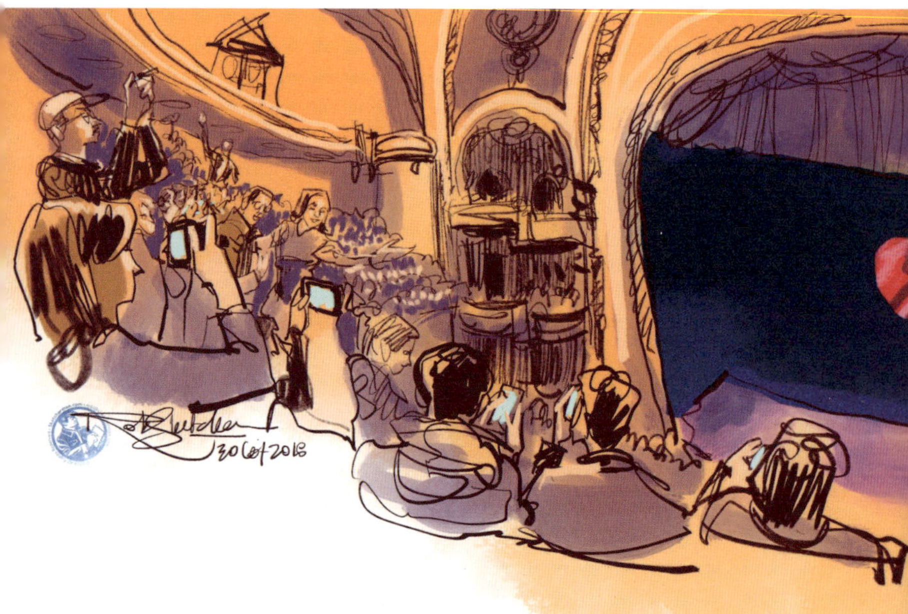

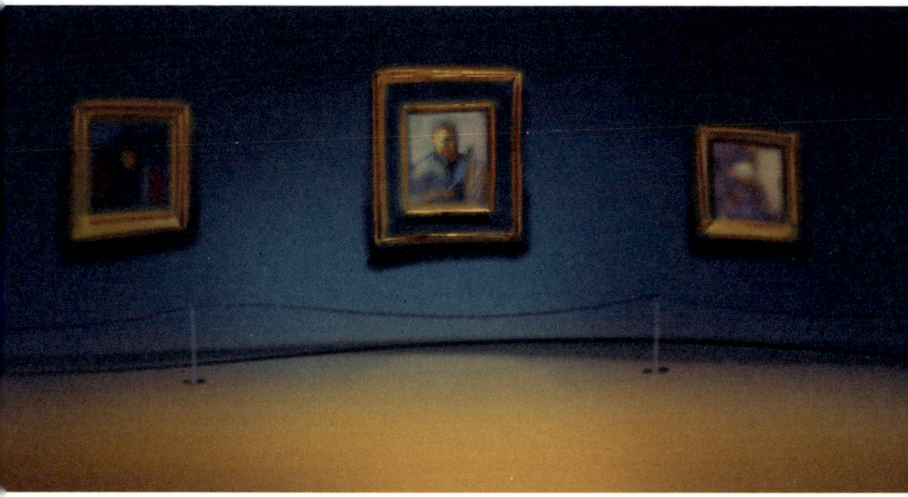

JOSE P. UREÑA

Rijksmuseum

Procreate

An einer Straßenecke zeichnen konnten Sie schon immer, aber durften Sie im Museum malen? Jetzt dürfen Sie!

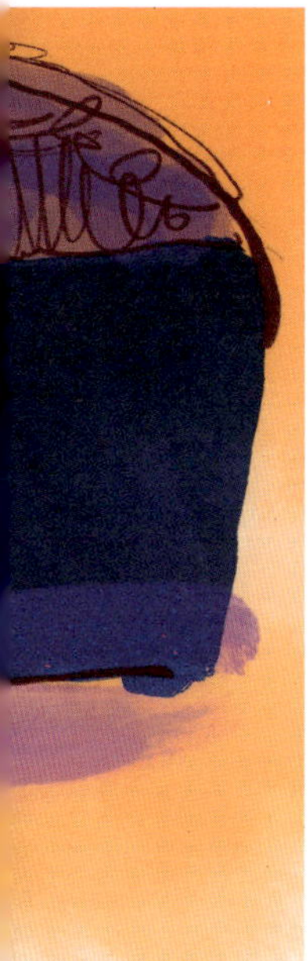

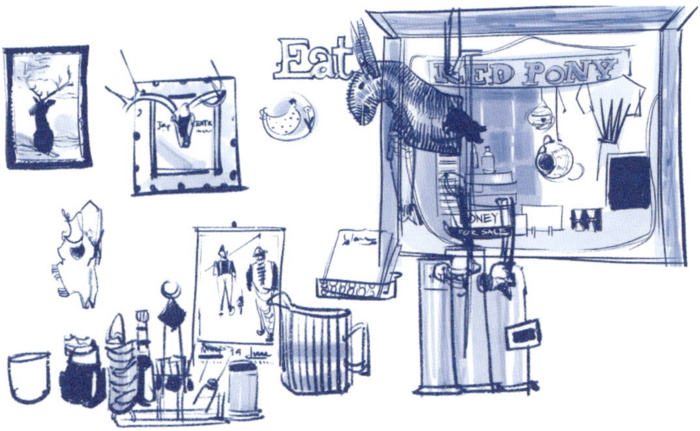

UMA KELKAR

Ramsch

Procreate

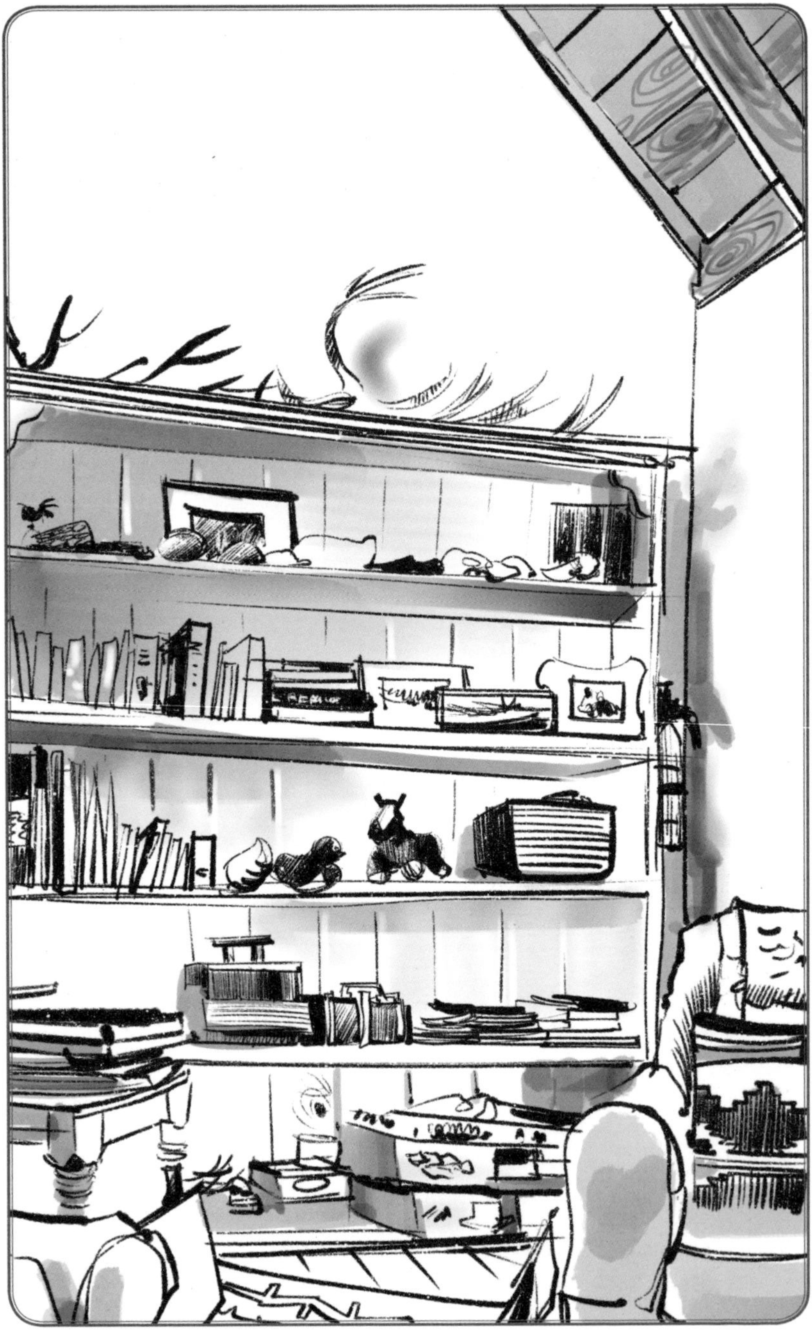

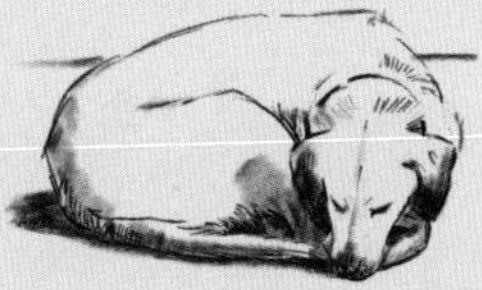

SCHLÜSSEL II
ALLER ANFANG …

Ein neues Medium bietet andere Möglichkeiten, kreativ zu sein und dabei Grenzen zu sprengen – doch es bringt auch Ängste mit sich. Dieses Buch befasst sich mit diesen neuen Ängsten, indem es machbare Ergebnisse präsentiert, während es Sie an den Werkzeugkasten heranführt.

Kunst ist für mich ein Mittel zum Ausgleich. An Tagen, an denen es rund geht mit Kindern, Reisen, Beruf und ungelegenen Notfällen, kommt die Kunst oft zu kurz. Dabei sind das genau die Tage, an denen man sich mit Malen und Zeichnen befassen sollte. Doch der Gedanke, um elf Uhr abends noch Farbtöpfe zu öffnen und nach dem Malen aufzuräumen, bevor meine Kinder am nächsten Morgen wach werden, hält mich genau von dem ab, was mir neue Energie gibt.

C UMA KELKAR

Airbnb-Zeichnen

Procreate

Auf dem Tablet kann ich den ganzen Farbkreis mit ins Bett nehmen, ohne Angst haben zu müssen, etwas zu verschütten oder anschließend saubermachen zu müssen. An hektischen Tagen wäre es unmöglich, in den zehn Minuten zwischen zwei Meetings oder während ich auf jemanden warte, den ich abholen will, meine Sachen auszupacken und zu malen. Doch mit dem Tablet zeichne ich und baue eine Szene auf - auch wenn ich nur zehn Minuten habe. Ich kann mehrere solche unvollständigen Zeichnungen auf dem Tablet haben und jederzeit daran weiterarbeiten, ohne mir Sorgen machen zu müssen, ob ich auch wirklich das Skizzenbuch mit meiner angefangenen Zeichnung von vor ein paar Wochen eingepackt habe. Für eine vielbeschäftigte Städterin wie mich hat sich der Aufwand darauf reduziert, daran zu denken, dass das Gerät immer aufgeladen ist.

Tablets sind kein Ersatz für traditionelle Medien, genau wie traditionelle Medien kein Ersatz für digitale sind. Sobald Sie die Stärken des Tablets kennen, können Sie entscheiden, wann, wie und wo Sie es verwenden. Ich mache nach wie vor sehr viel traditionelle Kunst, und ich werde eine bessere Künstlerin, weil ich dieses tragbare digitale Medium nutze. Das Kapitel »Werkzeuge gekonnt nutzen« (Seite 73) befasst sich damit, wie das Tablet als Starthilfe für Projekte mit traditionellen Medien dienen kann. Für versierte Tablet-Künstler könnte dieser Abschnitt von großem Interesse sein.

Der Stand der Dinge

Dieses Buch ist kein Handbuch. Es ist Ihr Spickzettel mit wichtigen Ideen und Inspirationen. Ständig gibt es neue Apps und Weiterentwicklungen, da wäre es unsinnig, ein Buch über die ganzen technischen Details schreiben zu wollen. Und es würde auch dem Gedanken, einen Zugang zum digitalen Zeichnen zu schaffen, zuwiderlaufen. Ich verwende die Apps Procreate und ArtRage als Beispiele. Andere Apps wie SketchUp, Paper, Draw und ArtFlow habe ich ausprobiert und festgestellt, dass sie im Prinzip ähnlich aufgebaut sind, auch wenn es Unterschiede in der Platzierung der Schaltflächen, der Benutzerfreundlichkeit und der Benennung der Werkzeuge gibt. Ich verwende die Bezeichnungen, die auf einer neuen Leinwand in Procreate auftauchen.

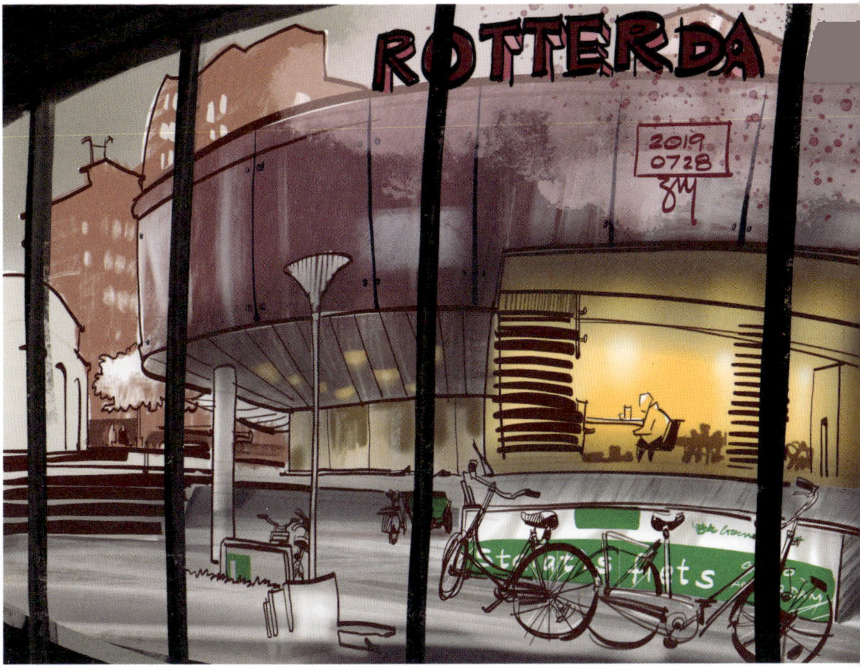

UMA KELKAR

Abendessen in Rotterdam

Procreate

UMA KELKAR

Gedränge auf dem Flughafen

Procreate

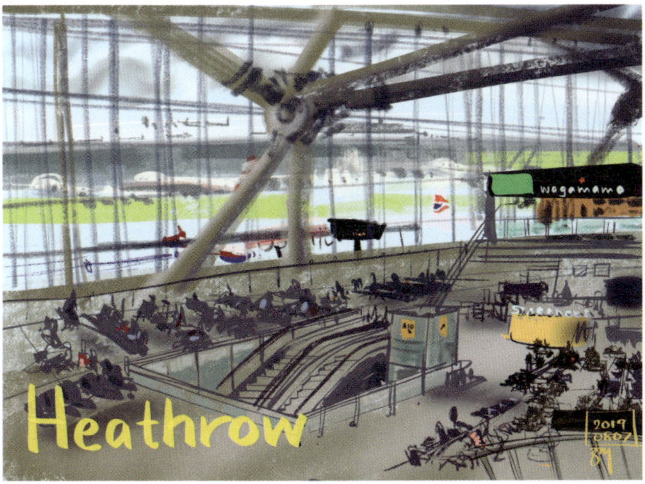

Einführung in die App-Terminologie

Procreate-Bezeichnungen	Pinsel + Radierer	Wischen	Ebenen	Alphasperre	Überblenden-Modus	Palette
Andere Apps verwenden womöglich die folgenden Begriffe für ähnliche Funktionen	Werkzeuge Symbole für Pinsel und Radiergummi* Brush + Erase	Blur	Ebenen (bzw. Layers) ist ein allgemein verwendeter Begriff	Lock Transparency	Layer Options	Sample

Viele Apps gibt es auf Deutsch, aber nicht alle, wie ArtRage. Es ist daher gut, auch die englische Terminologie zu kennen.

* Stellen Sie sich vor, jüngere Künstlerinnen und Künstler wussten nicht, was das Radiergummi-Symbol bedeutete – sie kannten Radiergummis nur am hinteren Ende von Bleistiften. Bitte helfen Sie jungen Leuten am Anfang.

Procreate ist die mit Abstand beliebteste Zeichen-App. Sie ist leistungsstark und einfach. Die einzige Einschränkung ist die, dass sie nur auf iOS funktioniert. Doch da fast 90 Prozent der Urban Sketchers diese App verwenden, dient sie hier als Referenz.

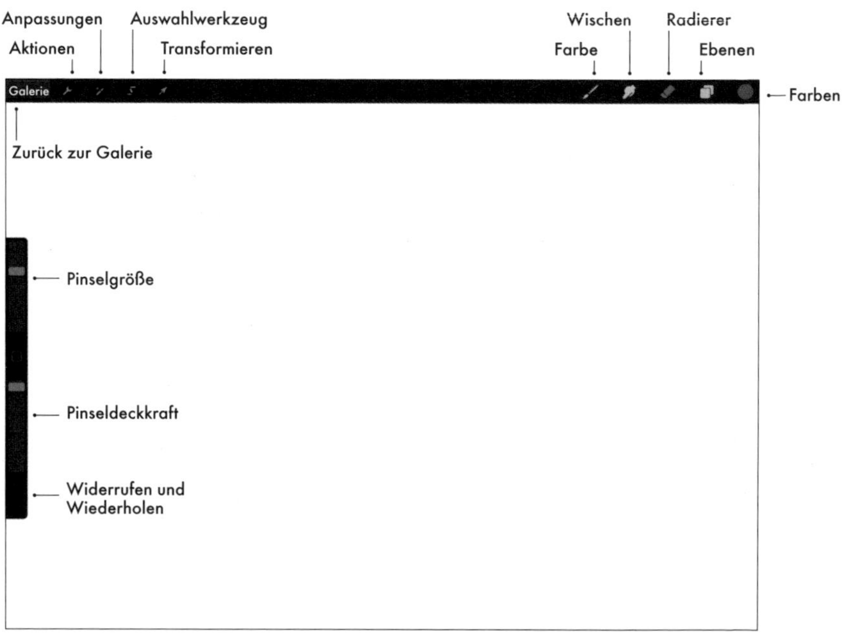

ArtRage ist ein vielseitiges Werkzeug. Es läuft auf iOS, Android und Windows und es gibt auch eine Desktop-Version.

Fangen Sie in der oberen linken Ecke an und klicken Sie gegen den Uhrzeigersinn einmal jede Schaltfläche an. Überwältigt? Procreate ist ein leistungsstarkes, äußerst vielseitiges Werkzeug, das seine Power unter der schlichten Benutzeroberfläche versteckt. Für Neulinge ist es, wie ich festgestellt habe, eine große Hilfe, die **Auswahl** zunächst ein wenig **einzuschränken**. Und professionelle Künstlerinnen und Künstler schätzen zuweilen die Möglichkeit, nur ihre vorher getroffene Auswahl zu sehen.

Sollten Sie eine Schritt-für-Schritt-Anleitung brauchen, greifen Sie zu App-Handbüchern, Nutzerforen und YouTube-Videos, die Ihnen weiterhelfen.

Die Auswahl einschränken

Tippen Sie auf das Pinselsymbol. In der linken Spalte finden Sie eine Liste von Pinseltypen, in der rechten Spalte die einzelnen Pinsel.

Die **Pinseltypen** geben einen Überblick über die Eigenschaften der verfügbaren Pinsel. Wählen Sie einen **Pinsel** aus, indem Sie darauf tippen: Bei Procreate wird er daraufhin blau, bei ArtRage tritt er hervor. Kritzeln Sie auf dem Bildschirm. Wählen Sie einen anderen Pinsel und kritzeln Sie damit. Es ist herrlich, doch die Auswahl ist einfach zu groß!

Legen Sie in Procreate eine neue **Pinselgruppe** an und nennen Sie sie »Meine Pinsel«. Fügen Sie für den Anfang drei Pinsel hinzu. Wenn Sie mit der App Fortschritte machen, können Sie auch mit mehr als dreien umgehen, doch für den Anfang reichen drei Pinsel vollkommen aus. Ich wähle neben dem *6B Stift* aus *Skizze*, die *Künstlertusche* aus *Tinte*, die *Kreide* aus *Kalligrafie* und den *Rundpinsel* aus *Malen*.

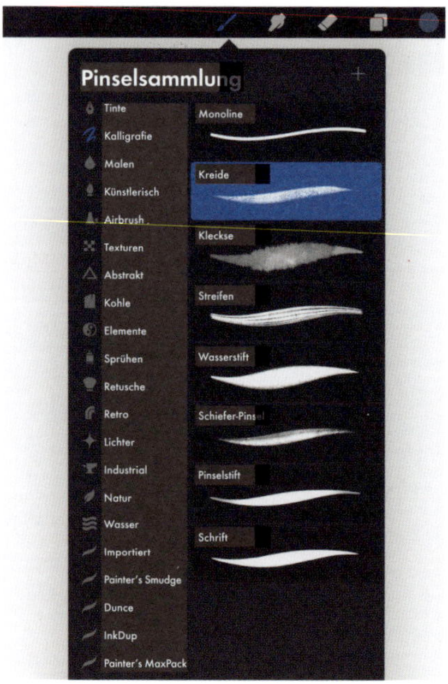

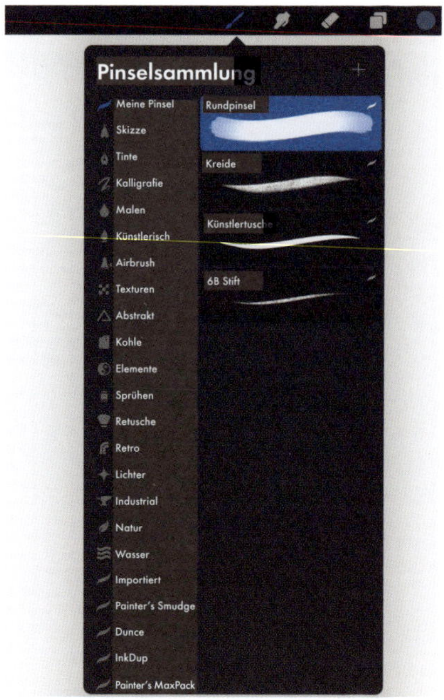

Tipp: Die Einschränkung der Auswahl ist nur eine vorläufige Krücke bei der Arbeit mit der Zeichen-App, egal mit welcher. Ich verwende in diesem Buch Procreate, um ein möglichst breites Publikum anzusprechen.

Als ich anfing, mit dieser App zu arbeiten, machte ich mir einen Spickzettel mit Pinseln, um mir die Namen zu merken, druckte ihn aus und klebte ihn, wenn ich zeichnete, auf meinen Tisch. Nach nur drei Stunden hatte ich mir die Namen eingeprägt und brauchte keinen Spickzettel mehr.

➜ Das Leben so eines Spickzettels ist also kurz, aber bedeutsam. Mit dem Spickzettel haben Sie eine visuelle Referenz zur Hand, mit der Sie spielen können. Neben jedes Symbol, das Sie auf Ihren Spickzettel malen, notieren Sie den Namen des verwendeten Pinsels. Ich experimentiere auch damit, wie groß die Spannbreite bei der Strichstärke ist, indem ich eine Linie mit stetig wachsendem Druck zeichne. Dann schraffiere ich in einem Rechteck mit **schräg gehaltenem Eingabestift**, um zu sehen, ob ein Pinsel auf das Schrägstellen reagiert.

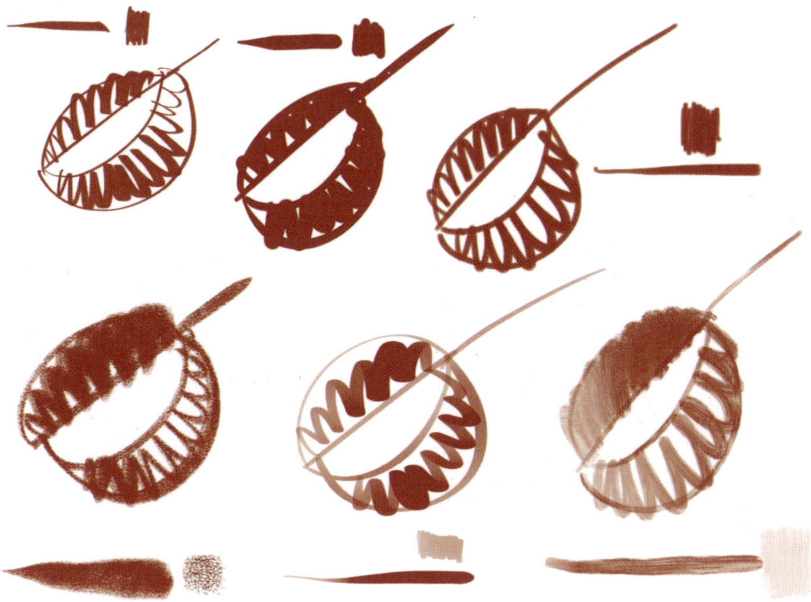

Jetzt tippen Sie auf den farbigen Punkt rechts oben in der Ecke. Wenn Sie das tun, öffnet sich darunter die **Farbauswahl**. Erstellen Sie dort eine neue Palette, nennen sie »Meine Palette« und setzen Sie sie als Standard. Jetzt wechseln Sie zum Ring-Modus am unteren Rand. *Meine Palette* sollte unter dem Farbkreis zu sehen sein, ohne Farben darin. Wählen Sie eine Farbe im Farbkreis und tippen Sie in *Meine Palette*. Ich fange mit drei Farben an – normalerweise zwei warme und eine kalte.

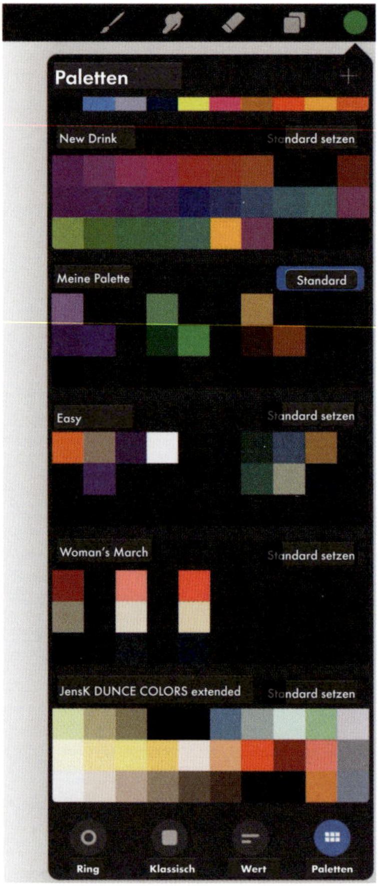

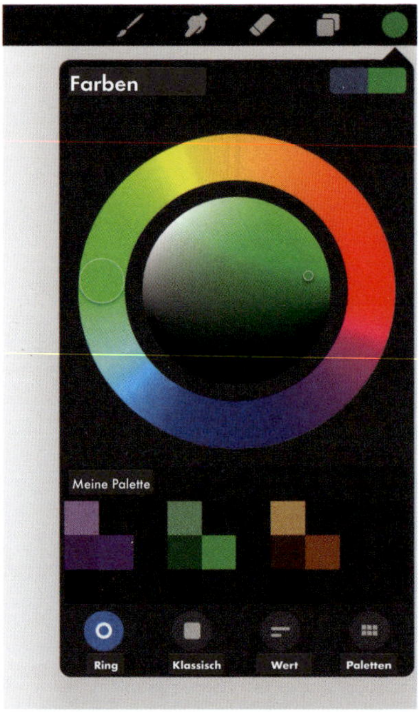

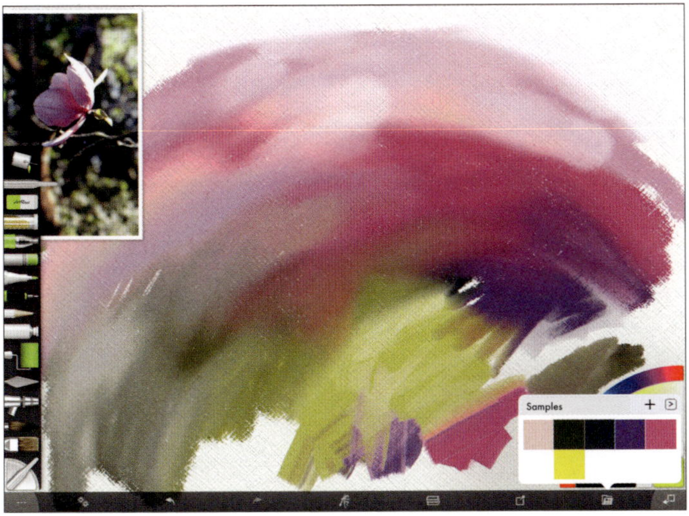

Bei ArtRage heißt die Farbauswahl unten rechts *Samples*. In diesem Programm können Sie auch ein Referenzbild in die Ecke setzen, aus dem Sie die Farben übernehmen.

Tipp: Sooft Sie auf Pinsel oder Farbe tippen, haben Sie immer eine bevorzugte und eingeschränkte Auswahl, was den Wechsel zwischen den Werkzeugen erleichtert. Wenn Ihre Farben perfekt übereinstimmen sollen, ist es einfacher, sie in der Palette auszuwählen als im Farbkreis.

Mit den **Unschärfe-Werkzeugen** können Sie in der ausgewählten Ebene – in der Regel die Ebene, auf der Sie arbeiten – Farbübergänge schaffen. Mit dem **Radierer** lässt sich Gezeichnetes oder Gemaltes in der ausgewählten Ebene wieder löschen.

Spielen Sie mit diesen Werkzeugen, um zu sehen, wie der Radierer sich bei verschiedenen Pinseln bzw. Pinselspitzen verhält. Es gibt über 100 mögliche Kombinationen. Ich wählte anfangs etwa zwölf aus und reduzierte die Auswahl rasch auf drei Lieblingspinsel, mit denen ich im Großen und Ganzen alles malen und zeichnen konnte.

Alltagsdinge zeichnen

Wenden wir uns unserer eingeschränkten Palette und Pinselauswahl zu und fangen damit an, dass wir alltägliche Gegenstände im Haus zeichnen. Linienzeichnungen sind eine tolle Möglichkeit, sich mit den verschiedenen Pinseltypen vertraut zu machen.

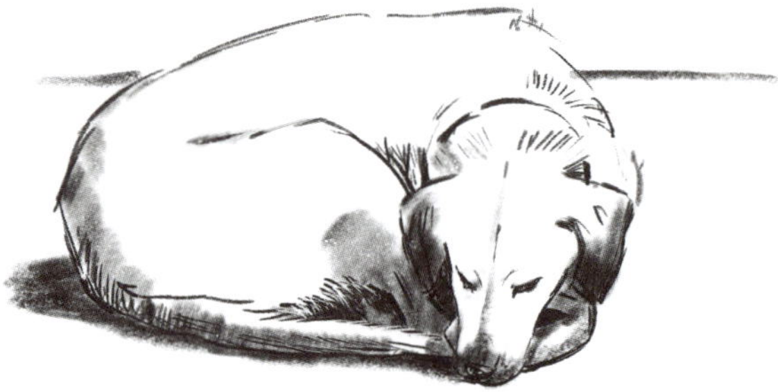

↑ SHARI BLAUKOPF

Alice

Procreate

Haben Sie Haustiere, die lange genug stillhalten?

← KAVYA SHANKAR

Wasserflasche

Procreate

Stellen Sie ein Stillleben zusammen, um es zu zeichnen, während Sie sich an Ihr Tablet gewöhnen.

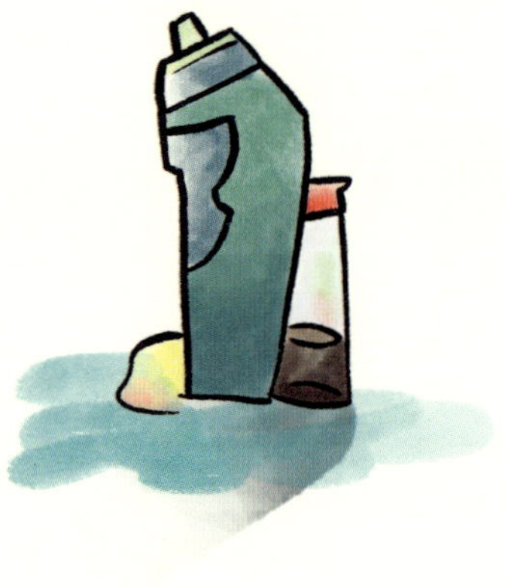

Tipp: In Procreate können Sie mit dem oberen der beiden Schieberegler auf der linken Seite die Spitze des Werkzeugs verkleinern/vergrößern. Wählen Sie einen Pinsel aus und spielen Sie mit dem Schieberegler, um zu schauen, ob Ihnen das Zeichnen mit einer größeren Spitze leichter fällt. Müssen Sie sie verkleinern, um Details zu zeichnen? Als Rechtshänder können Sie, wenn das Tablet auf einem Tisch liegt, den Schieberegler mit dem linken Daumen bedienen.

Linien sind auch wunderbar geeignet zum Zeichen von Menschen. Nicht mit allen Werkzeugen lassen sich Menschen in Bewegung festhalten. Bei Procreate sind die Pinsel unter *Tinte* und *Skizze* gute Werkzeuge zum zügigen Zeichnen.

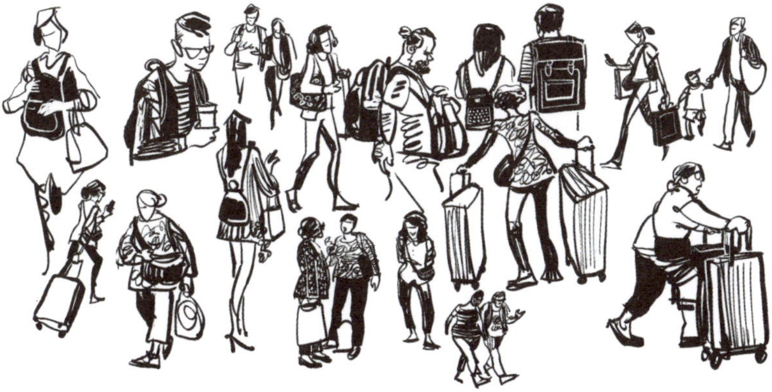

ROB SKETCHERMAN
Gestalten
Procreate

Haben Sie bemerkt, dass Sie auch mit Weiß zeichnen oder den Radierer benutzen können, um zu zeichnen, wie man auf dem Tornister sieht?

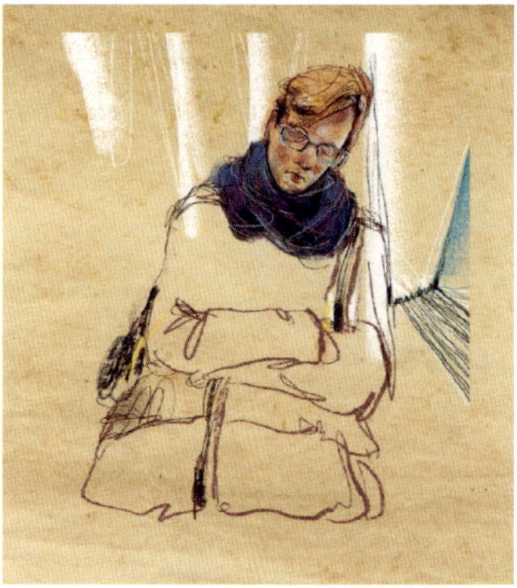

ENRIQUE FERRANDO PEREZ
Pendler
Procreate

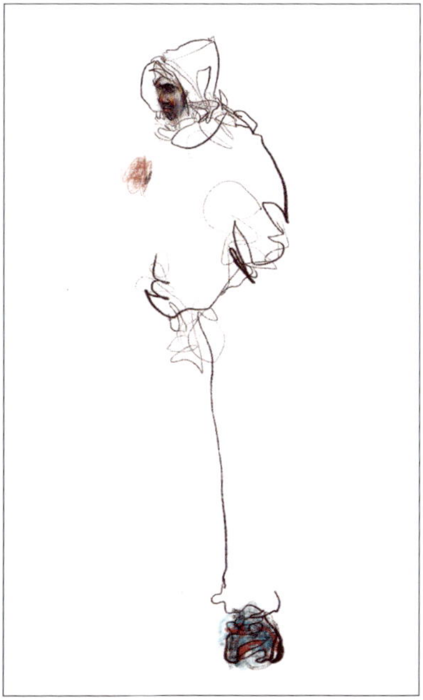

ENRIQUE FERRANDO PEREZ
Angedeutete Gestalt
Procreate

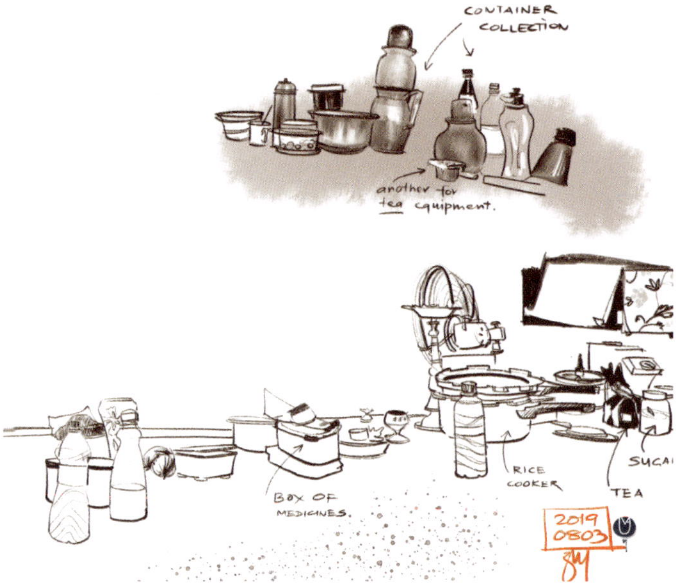

UMA KELKAR

Inventar einer indischen Küche

Procreate

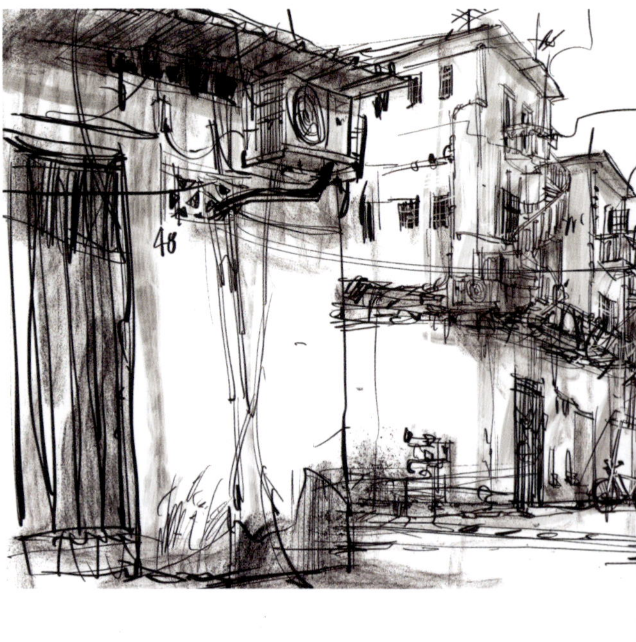

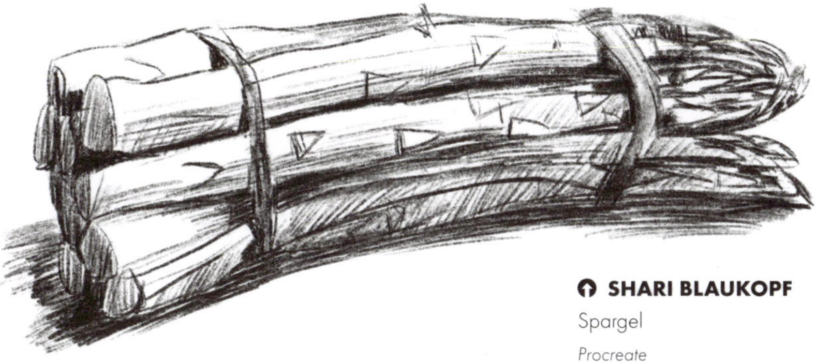

SHARI BLAUKOPF

Spargel

Procreate

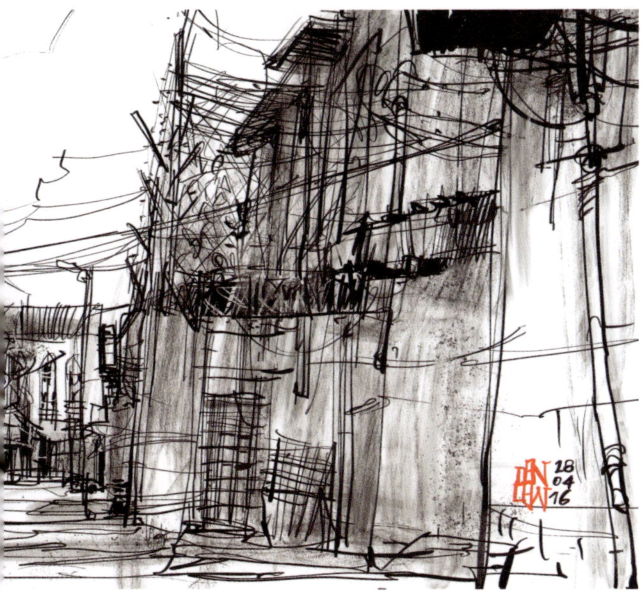

DON LOW

Seitengasse, Chinatown

Procreate

Von Alltagsobjekten bis hin zu Alltagsszenen, mit Linien lässt sich alles einfangen.

Alltagsgegenstände malen

Man kann Alltagsgegenstände auch so malen wie mit einem deckenden Medium, etwa Gouache. Probieren Sie in einer Ebene die Pinsel *Gouache* oder *Hanf* aus.

Wenn ich von Malen spreche, meine ich, Formen direkt durch das Auftragen von Farben auf der Leinwand aufzubauen und nicht durch eine Linienzeichnung, die anschließend koloriert wird (ähnlich dem Ausmalen in einem Malbuch). Aus praktischen Gründen verwenden die meisten Urban Sketchers Aquarellfarben sowie Füller und Tinte. Die Stärke dieser Medien liegt in ihrer Transparenz; sie strahlen Licht aus, was für Betrachter äußerst attraktiv ist. Doch mit Ihrem Tablet können Sie auch Medien ausprobieren, die keine Transparenz besitzen, sondern deckend arbeiten (wie Gouache und Öl).

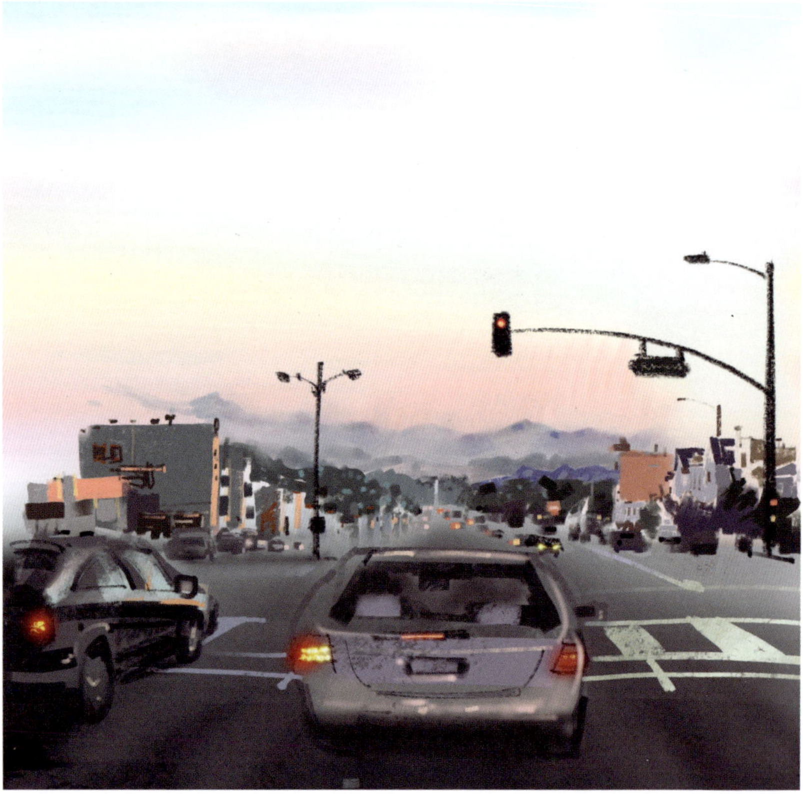

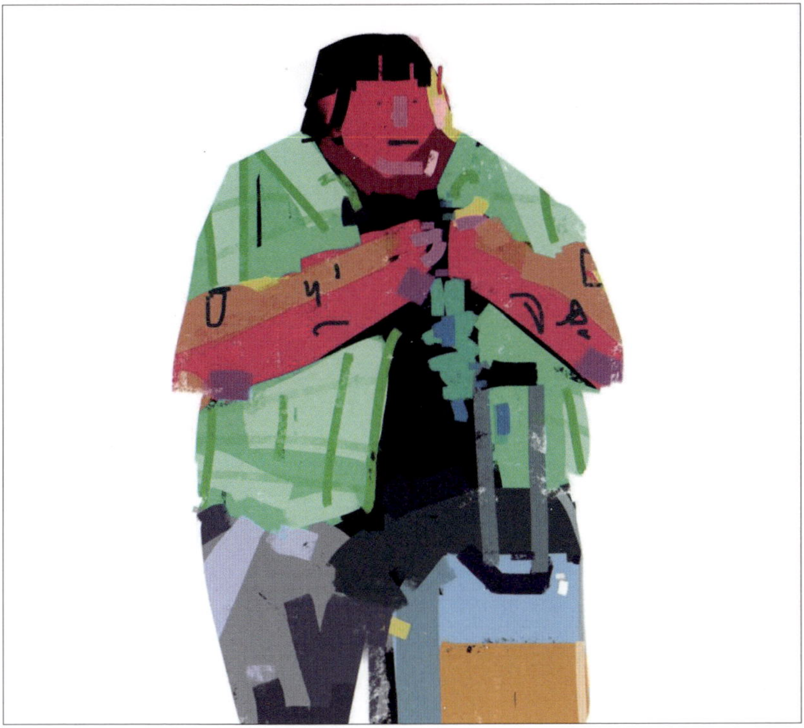

STEVE SANDOVAL

Strickende Frau in San Francisco

Procreate

Tipp: Welche Freiheiten bieten digitale Zeichenmedien noch, abgesehen davon, dass sie das Erscheinungsbild anderer Medien nachahmen? Aquarellfarben zwingen uns zum Beispiel dazu, die hellsten Farben zuerst zu setzen. Das Tablet dreht den Spieß um! Sie können das dunkelste Blau hinklatschen und später mit einem hellen Gelb zu der Stelle zurückkommen, ohne dass es grün oder matschig wird. Außerdem müssen Sie nicht mehr darauf warten, dass Ölfarben trocknen!

UMA KELKAR

19th Avenue, San Francisco

Procreate

Ich setze farbige Flächen mit einem breiten Pinsel, genau wie Steve. Schauen Sie, wie frisch eine hellere Farbe wie Orange vor einer transparenten, kühlen Farbe im Hintergrund wirkt.

Transparenzen bei Alltagsobjekten

Farben machen Objekte interessanter, doch Transparenzen geben ihnen Volumen. Spielen Sie mit der Transparenz Ihrer Pinsel, um zu schauen, wie Sie ein Glas Saft malen können. Wie verhalten sich überlappende Farbschichten, wenn Sie neue Farbe auftragen?

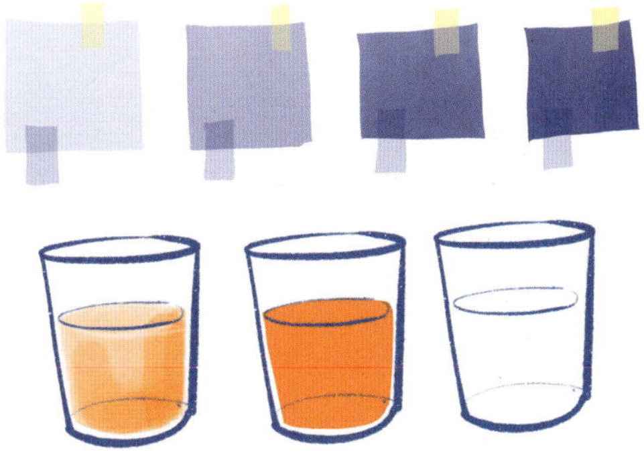

Tipp: Machen Sie sich für die Pinsel in Ihrer persönlichen Auswahl Spickzettel mit unterschiedlichen Transparenzen und mit unterschiedlichen Farben.

UMA KELKAR

San Francisco

Procreate

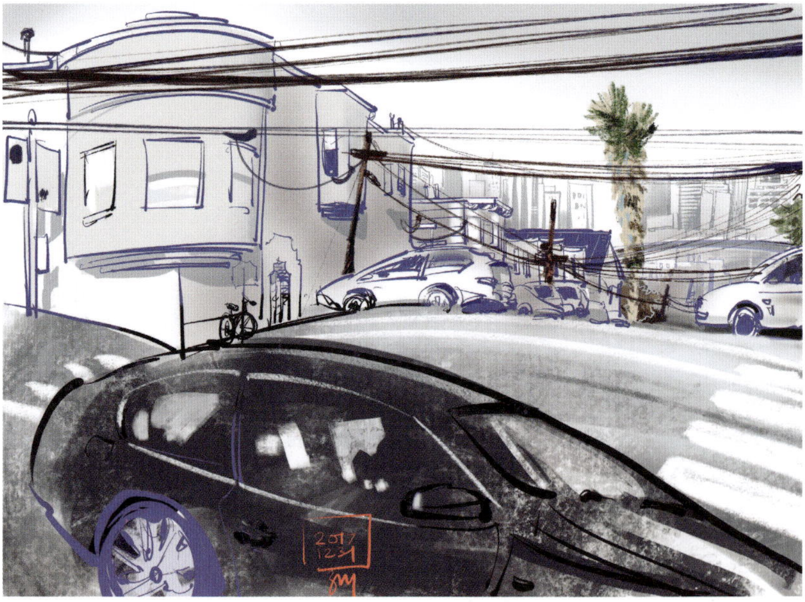

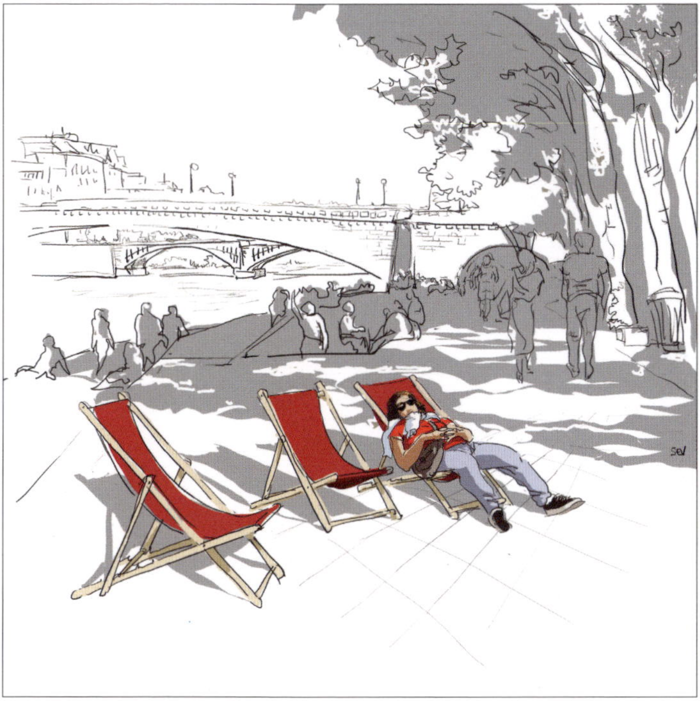

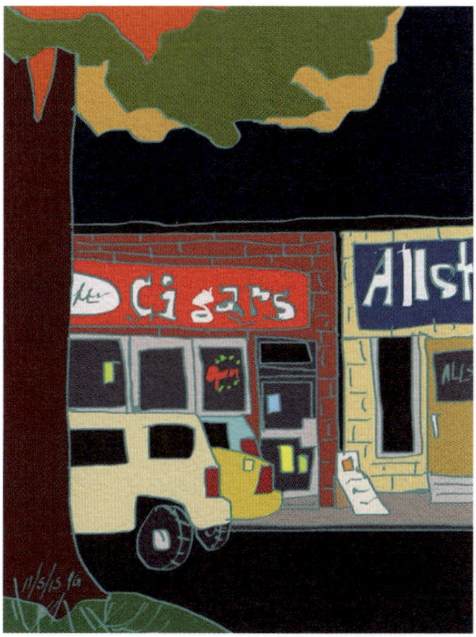

↑ SEV COLMET DAAGE

Transat

Procreate

Halbtransparente Farbaufträge eignen sich wunderbar für Schatten.

← PATRICIA GAIGNAT

Ladenzeile in der Nachbarschaft

Procreate

Um beim Malen unterwegs Texturen zu erhalten, die an Öl, Acryl oder Gouache erinnern, muss die geringste Transparenz oder die maximale Deckkraft verwendet werden.

Wischen

Beim Zeichnen mit einem traditionellen Medium wie Kohle lassen sich die Ränder mit dem Daumen oder einem Estompe verwischen, verschmieren oder weicher machen. Farbübergänge bei Ölfarben gelingen gut mit einem Fächerpinsel. Und harte Bleistiftstriche, Buntstifte und getrocknete Aquarellfarben?

Mit dem **Wischen-Werkzeug** können Sie Texturen und Farbverläufe erzeugen, lange nachdem die Farben gesetzt wurden. Das hebt den Zeitdruck auf, dass Farbübergänge bei Aquarellfarben nur gelingen, wenn die Farben noch nass sind.

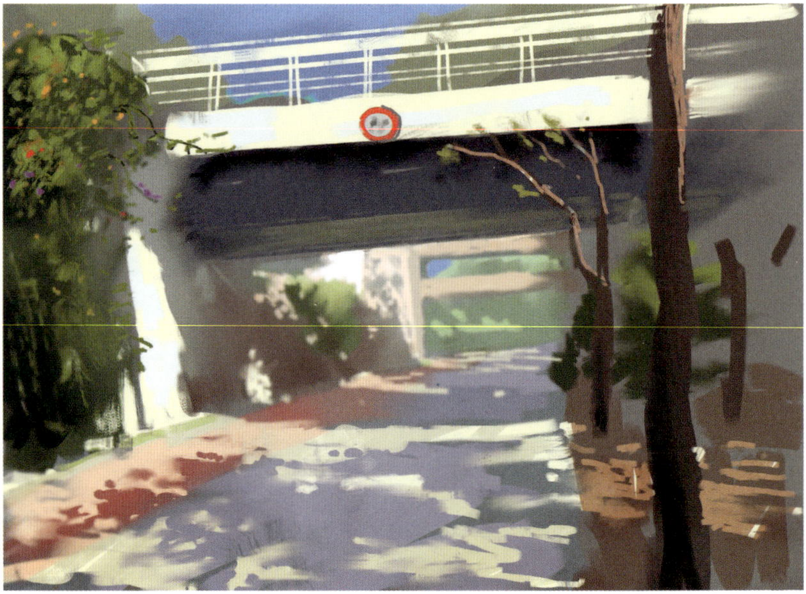

ANANDA ARAN

Brücke

Procreate

Wenn Sie die Kanten nur in ausgewählten Bereichen weicher machen, führen Sie den Blick beim Betrachten durch das Bild.

Übungen

1. Zeichnen Sie einen Bleistift, einen Kaffeebecher, eine Vase mit Blumen, Wohnzimmermöbel, Schuhe.
2. Kolorieren Sie die Schuhe, den Becher, die Blumen. War es einfacher, transparente Farben zu verwenden, wenn die gemalten Objekte aus Glas waren? War es lästig, die Linien der Blumen überdecken zu müssen?
3. Gehen Sie zu einem Bahnhof oder einem anderen Ort, wo eine Schlange ist. Wartende haben den Blick oft auf ihre Telefone gerichtet – und sind dann wunderbare Modelle zum Zeichnen. Wenn sich meine Kinder zu Hause mit den Hausaufgaben, einem Videospiel oder einem Buch beschäftigen oder auch, wenn sie krank sind, müssen sie als Modelle herhalten.
4. Möchten Sie am Ende unter die von Ihnen gezeichneten Objekte Schatten setzen? Dann lassen Sie uns schauen, welche Möglichkeiten das Arbeiten mit Ebenen Ihnen bietet.

Tipp: Sie zeichnen, und auf dem Bildschirm tut sich trotzdem nichts? Schauen Sie nach, ob Sie aus Versehen die Hintergrundfarbe ausgewählt haben!

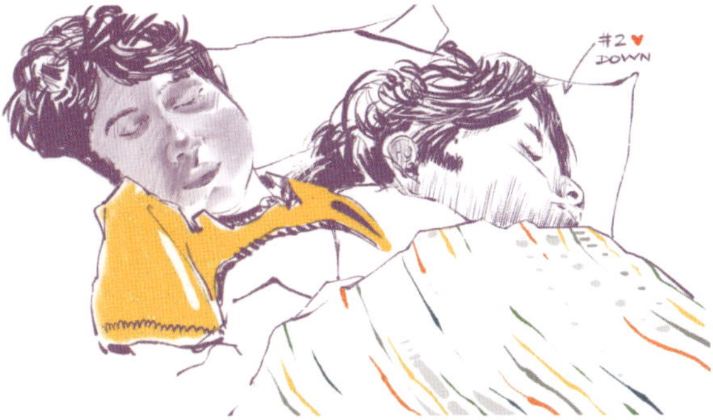

UMA KELKAR
Meine kranken Modelle
Procreate

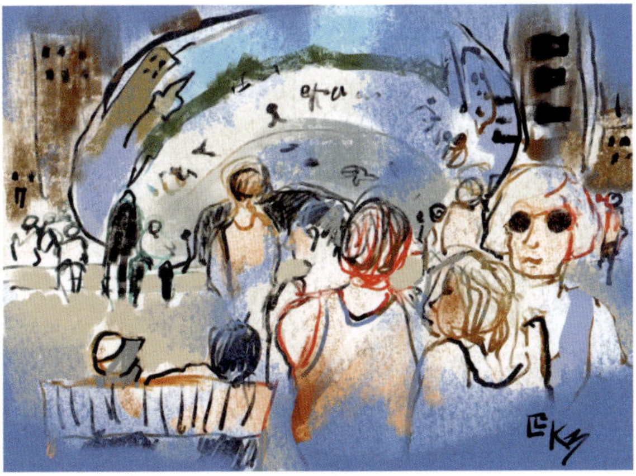

KATE BARBER
The Bean, Chicago
Procreate
Mit zwei Pinseln und einer eingeschränkten Palette hat Kate die ganze touristische Szene eingefangen.

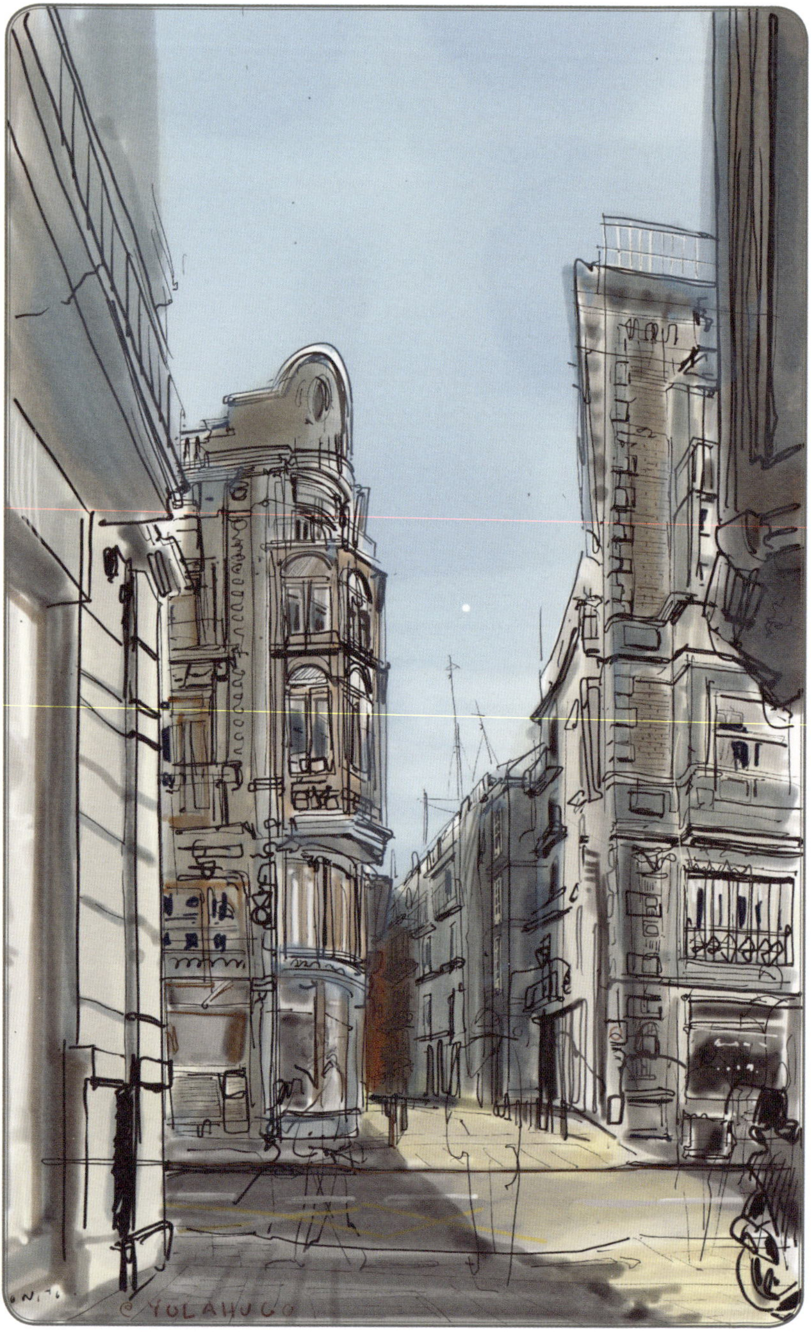
© YOLAHUGO

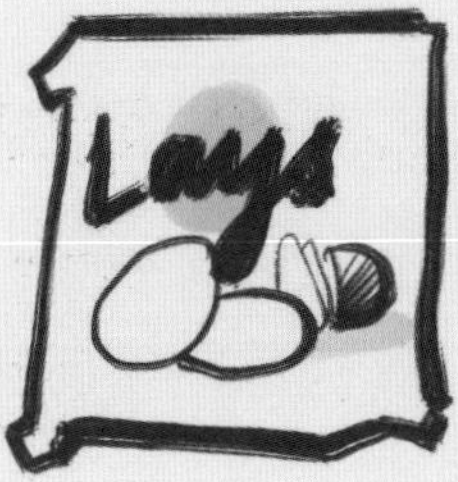

SCHLÜSSEL III
EBENEN SIND DAS A UND O

Die Möglichkeit, Kunstwerke in unabhängigen oder miteinander verbundenen Ebenen aufzubauen, ist die wesentliche Stärke digitaler Medien. Was bedeutet unabhängige Ebenen?

Wir kennen das Arbeiten auf Ebenen – oder Schichten – bei traditionellen Medien: Wenn Sie zum Beispiel etwas malen und daraus eine Collage machen, indem Sie gedruckte Wörter darauf kleben, ist das ein Kunstwerk mit zwei Ebenen. Ähnlich beim Aquarell: Beim Malen mit Aquarellfarben machen Sie einen Farbauftrag, und wenn Sie einen weiteren Farbauftrag darauf setzen, haben Sie eine weitere Ebene hinzugefügt.

Beim Arbeiten mit digitalen Medien entspricht dieser erste Farbauftrag einer Ebene. Hier können wir Ebenen hinzufügen, ohne dass wir warten müssen, bis Farben getrocknet sind. Außerdem können Sie Ihren ersten Farbauftrag bearbeiten, nachdem Sie die zwanzigste Ebene – oder Schicht – darauf gesetzt haben!

C HUGO COSTA

Calle Paz

Adobe Sketch

Vor allem erlaubt Ihnen das Arbeiten mit Ebenen, Farbe unter die Linienzeichnung zu setzen, selbst wenn Sie zuerst zeichnen und dann kolorieren.

Mit Ebenen arbeiten

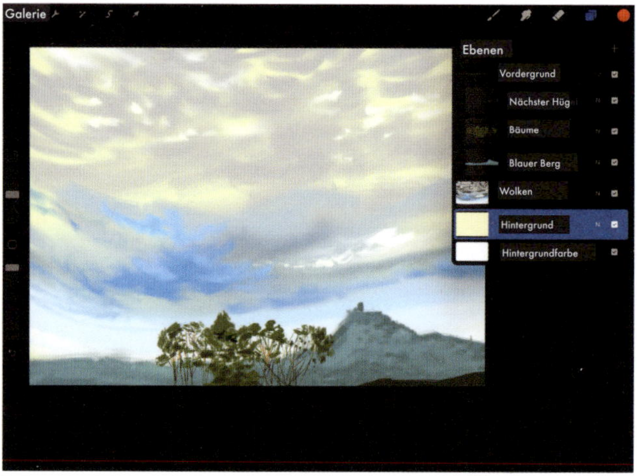

➜ Tippen Sie auf das Ebenen-Menü, um zu sehen, wie ein Kunstwerk in Ebenen aufgebaut wird. Es ist hilfreich, wenn Sie die Ebenen beim Arbeiten umbenennen und dabei, wie in diesem Beispiel, Bezeichnungen verwenden, die Ihnen sinnvoll erscheinen.

➜ Solange alle Ebenen eingeblendet sind, sieht eine zusammengesetzte Zeichnung so aus (unten links das fertige Bild).

(von rechts nach links) Ebene 1: Hintergrundfarbe
Ebene 2: Hintergrundzeichnung in Farbe
Ebene 3: Zeichenebene

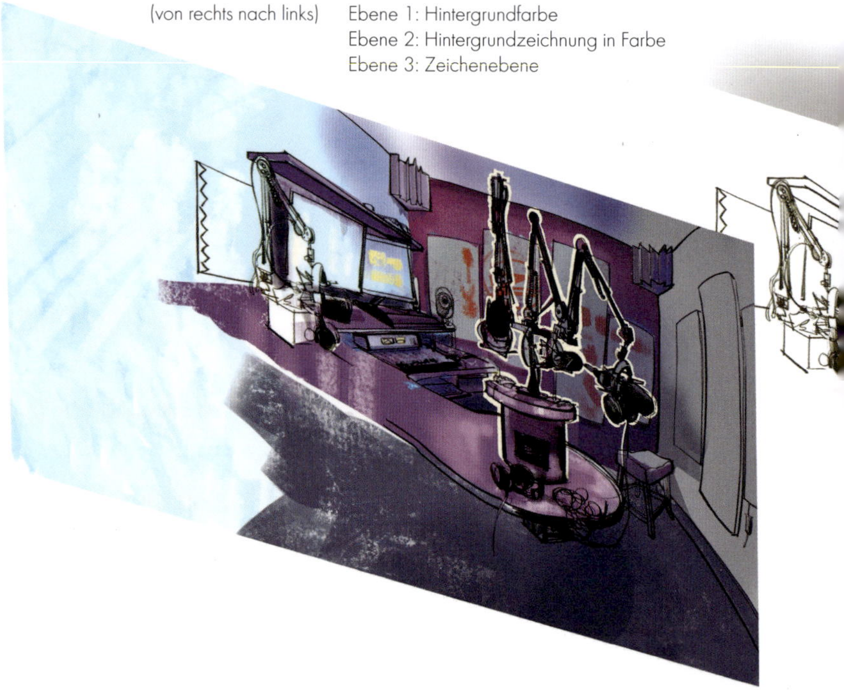

Vignetten und Tagebuch zeichnen

Im letzten Kapitel ging es darum, Alltagsgegenstände zu zeichnen (siehe die Übungen auf Seite 39). Sie können Alltagsobjekte auch sammeln und arrangieren, um sich zu interessanten Kompositionen inspirieren zu lassen.

Ähnlich lassen sich auch mehrere Bilder, die bei einer Gelegenheit entstanden sind, wie eine Reportage zu einem Gesamtbild zusammenfügen.

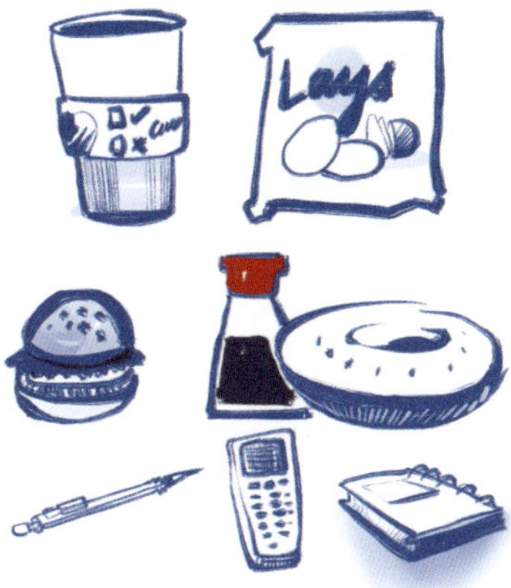

Sammlung von Alltagsobjekten

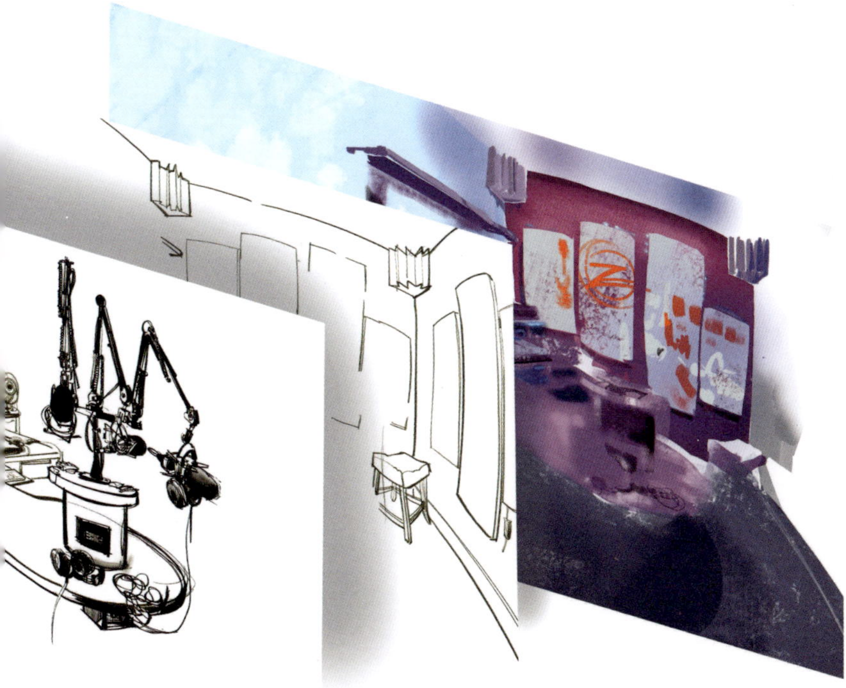

Hier sehen Sie, wie Zeichnungen, die im Laufe eines Tages entstanden sind, Ihnen auch als visuelle Tagebuchseite dienen können.

➔ Eine zusammengesetzte Zeichnung aus Bath, Großbritannien.

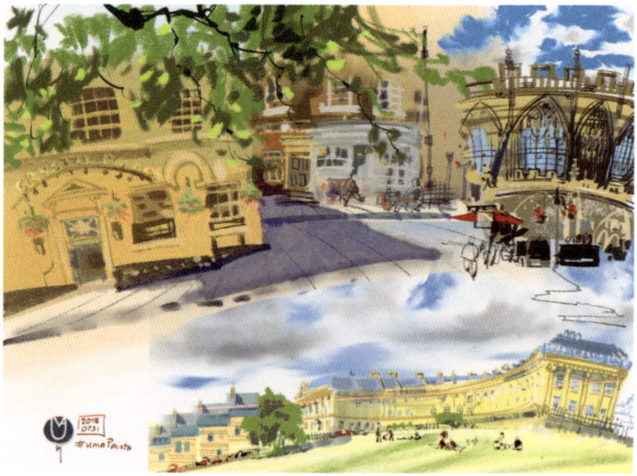

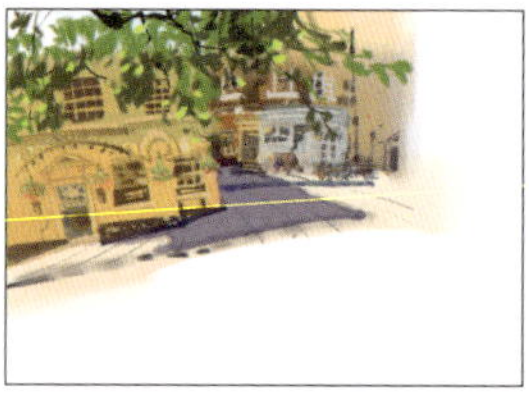

Zeichnung 1 auf Ebene 1

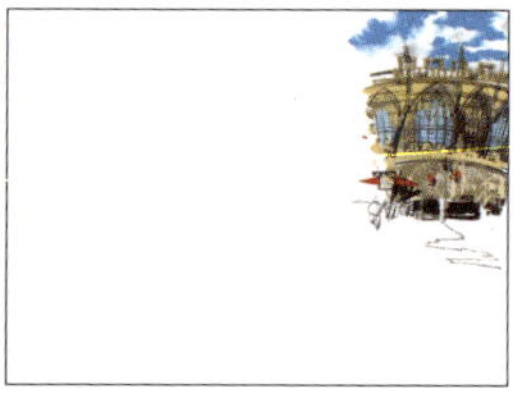

Zeichnung 2 auf Ebene 2

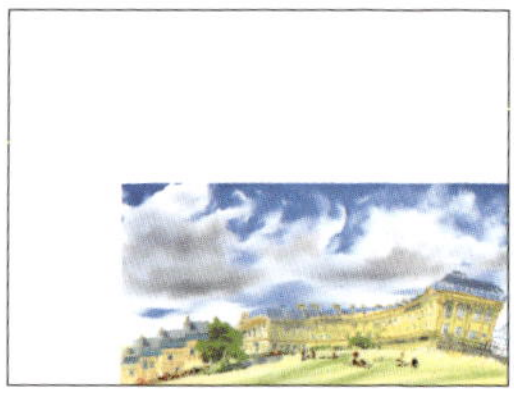

Zeichnung 3 auf Ebene 3

Stellen Sie sich jedes Mal, wenn Sie auf einer neuen Ebene zeichnen, vor, Sie hätten eine neue Leinwand. Auf dieser zeichnen Sie, unbehindert von den anderen Zeichnungen, die während des Tages entstanden sind. Mit dem **Transformieren-Werkzeug** oder indem Sie die Reihenfolge der Ebenen ändern, können Sie Einfluss darauf nehmen, wie die einzelnen Bilder zu der abschließenden Sammlung beitragen.

Sicher, für professionellere Bilder gilt es, das Wechselspiel zwischen den einzelnen Bildern zu bedenken. Doch im Augenblick geht es vorrangig darum, dass jede einzelne Zeichnung so gut ist, dass das Ganze gut wird.

Sehen wir uns diese monochrome Kollektion an und schauen, wie die einzelnen Ebenen das Gesamtbild beeinflussen.

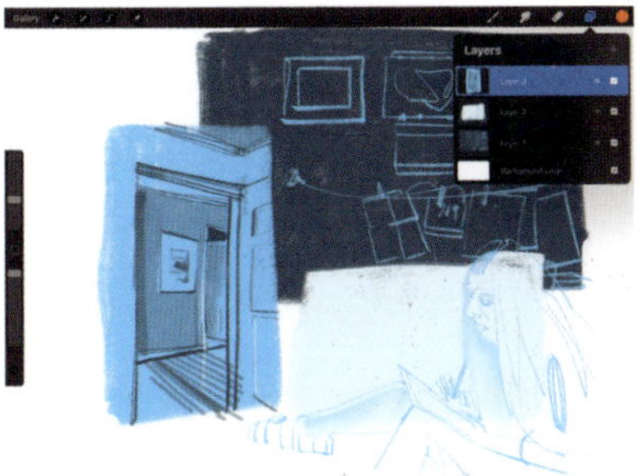

Zeichnung auf drei Ebenen

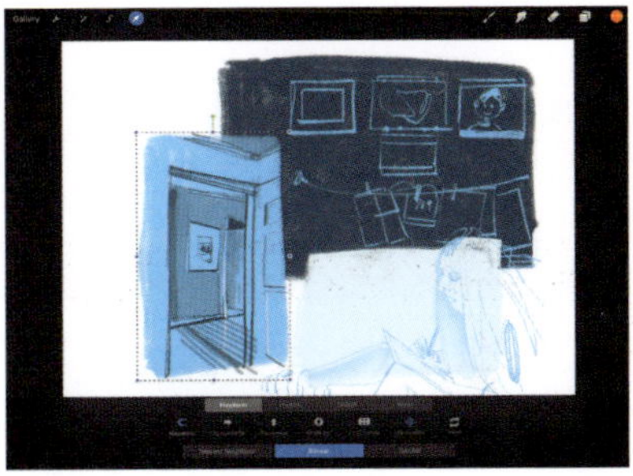

Mit dem Transformieren-Werkzeug lässt sich die Zeichnung auf der Ebene hoch, runter, nach links oder rechts verschieben. Probieren Sie es aus!

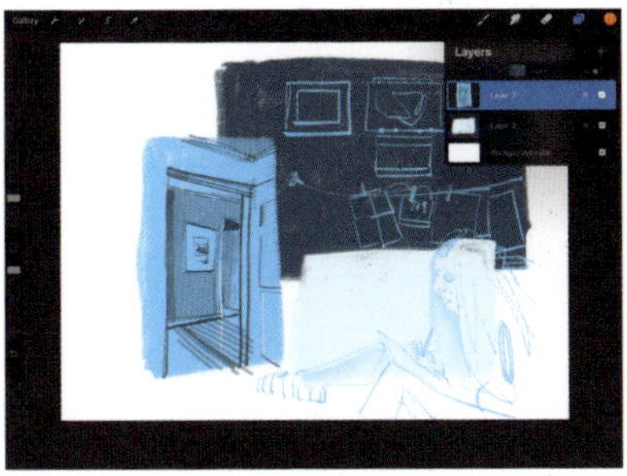

Wählen Sie die Ebene aus und platzieren Sie sie über oder unter die anderen Ebenen.

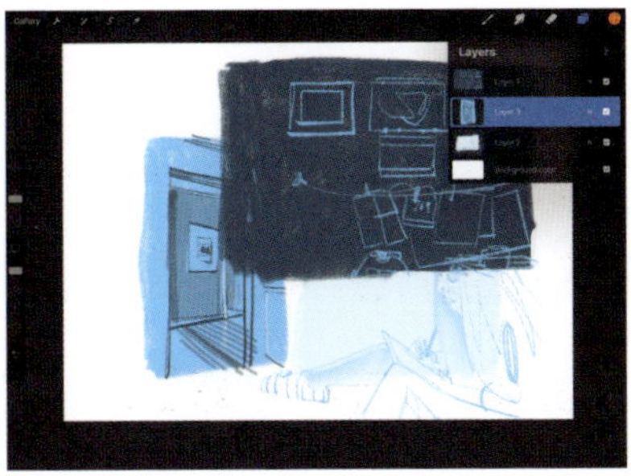

Sehen Sie, was hier geschehen ist? Durch das Verschieben einer Ebene hat sich verändert, was **oben** ist.

Noch wichtiger wird die Position der Ebenen, wenn Sie Szenen auf traditionellere Weise malen, vom Hintergrund zum Vordergrund.

Auf traditionelle Weise malen und zeichnen

Viele Künstler malen von hinten nach vorn, also vom Hintergrund zum Vordergrund. Wenn Sie, um Landschaften zu zeichnen, ein Tablet mitnehmen, steht Ihnen diese Methode über die Ebenen ebenfalls zur Verfügung. Wenn Sie eine Szene beim Planen in sauber getrennte Ebenen unterteilen, können Sie die Farbwerte der Ebenen unabhängig voneinander bearbeiten, die Ebenen hin und her bewegen und/oder vergrößern oder verkleinern, ohne in einer Zeichnung herumkorrigieren zu müssen!

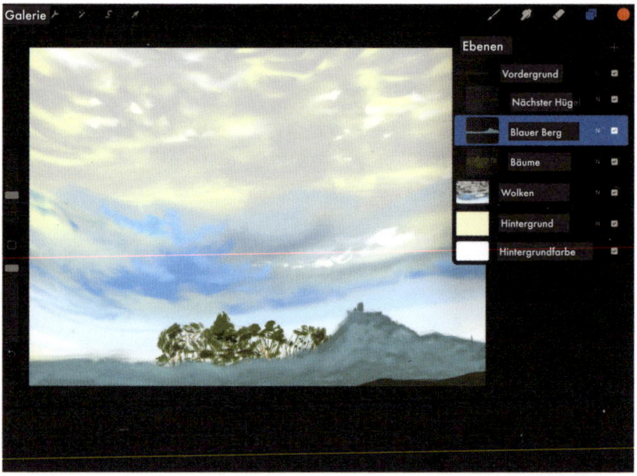

Natürliche Reihenfolge von Ebenen, vom entferntesten zum nächstgelegenen Element der Szene.

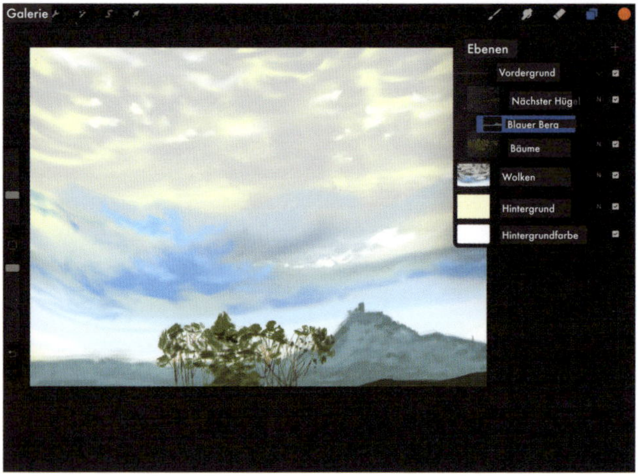

Ebenen verschieben, um die Bäume vor die Berge zu versetzen? Kein Problem. Mit den Ebenen können wir Dinge hinter andere Objekte bringen und bestimmte Elemente ganz oben behalten – unberührt von Hintergrundfarben oder anderen Bearbeitungen, die Sie in einer Ebene vornehmen.

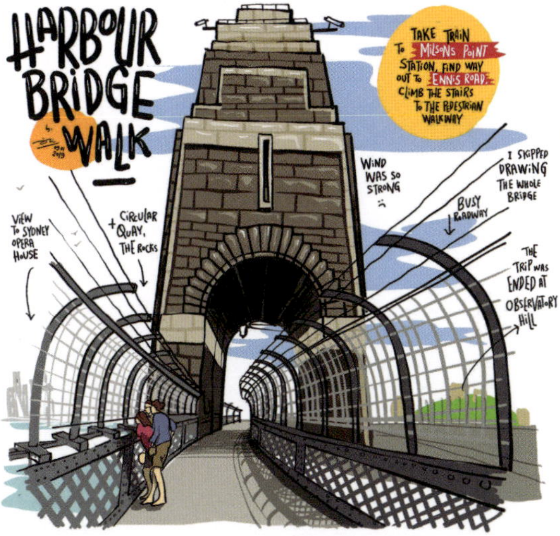

MUTIARA CININTA

Spaziergang über die Harbour Bridge

Procreate

Die Wolken wurden als farbige Flächen auf einer Ebene gemalt und diese dann nach unten verschoben, sodass die Wolken hinter der Brücke liegen.

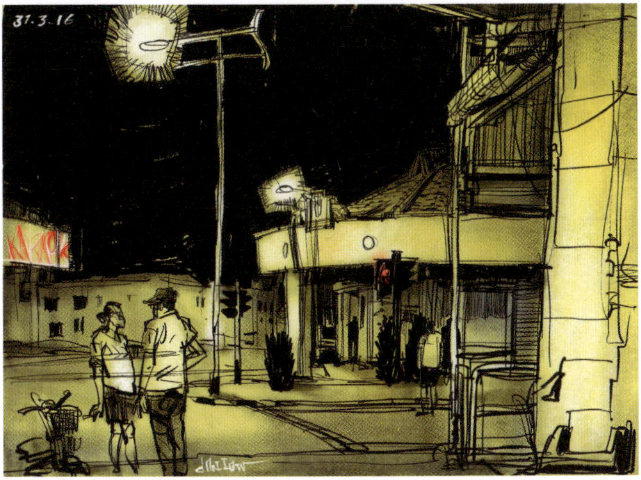

DON LOW

Nachtleben

Procreate

»Die nächtlichen Szenen in Geylang waren wirklich einzigartig. Die Straßenlaternen legten ein gelbes Glühen auf die Gebäude und warfen lange, huschende Schatten über die Straßen. Flackerndes Neonlicht auf den spärlich beleuchteten Mauern verstärkte die Stimmung. Ich fing mit einem farbigen Hintergrund an (indem ich die Hintergrundebene mit einer Farbe ausfüllte) und erstellte auf einer zweiten Ebene eine Linienzeichnung. Dazwischen schob ich eine weitere Ebene, auf der ich Grau- und Weißtöne für Schatten und Licht hinzufügte.«

Tipp: Fortgeschrittene Anwender sollten sich mit den Wechselwirkungen von Ebenen befassen, um interessante Effekte zu erreichen. Ebenen sind mehr als eine deckende Zeichnung über einer anderen. Man kann Farben multiplizieren, Ebenen entsprechend der darunterliegende Zeichnung abdunkeln und Bereiche zum Kolorieren maskieren und so weiter. Die Möglichkeiten sind schier unendlich. Schauen Sie am besten selbst, welche Apps neben Pròcreate und ArtRage diese Art der Arbeit mit Ebenen ermöglichen.

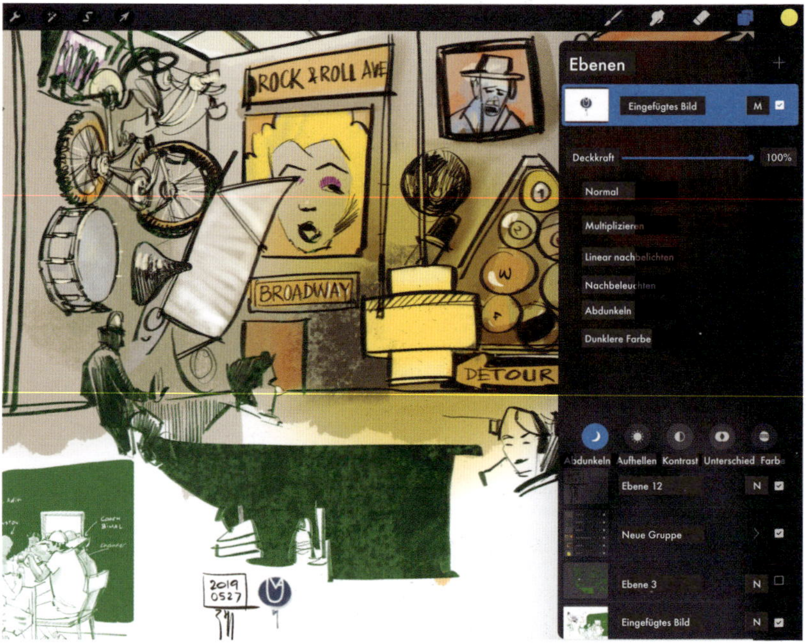

UMA KELKAR

Spiel mit Ebenen in Procreate

Procreate

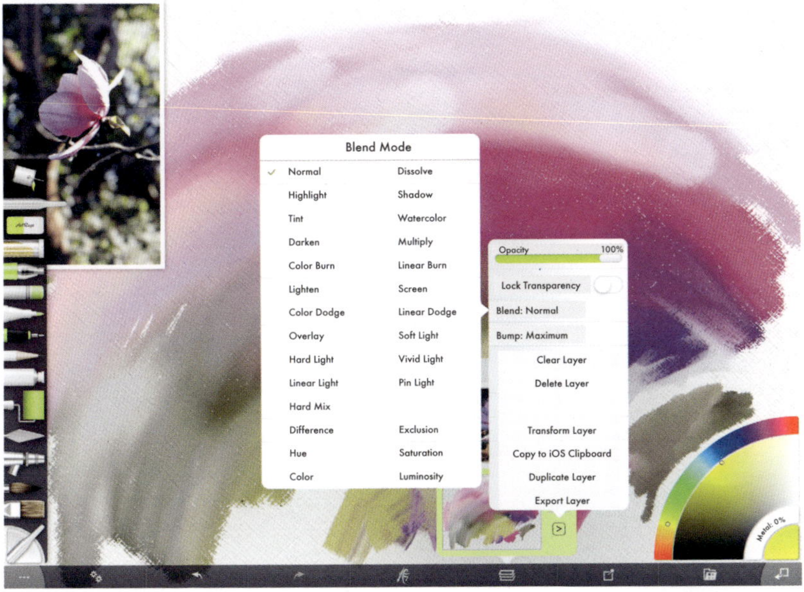

UMA KELKAR

Ebenen überblenden mit ArtRage

ArtRage

UMA KELKAR

Lebensmittel einkaufen und Selbstporträt

Procreate

Ich habe mit drei Ebenen gespielt, die sich gegenseitig beeinflussen: Am unteren Rand ist der pinkfarbene gefiederte Vogel, gefolgt von einer Zeichnung in einem Lebensmittelladen und einem Selbstporträt.

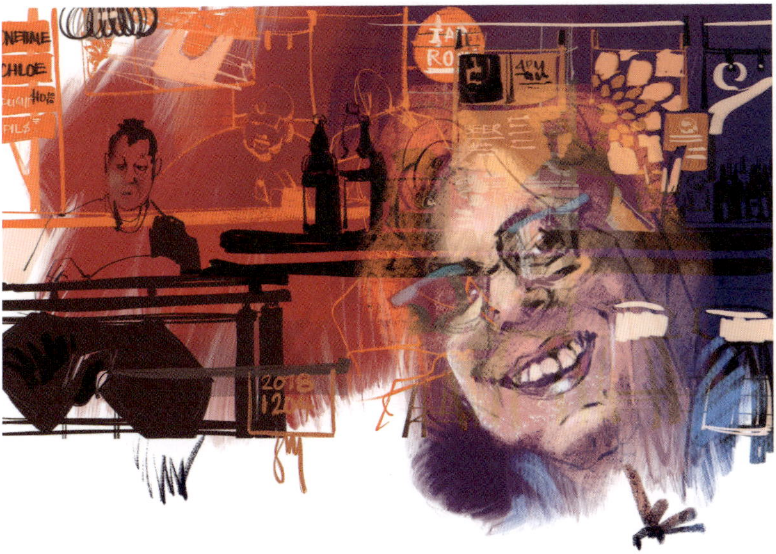

Tipp: Mit manchen Apps lassen sich Ebenen gruppieren, sodass Sie mehrere Ebenen zu Gruppen zusammenfassen und dann zusammen sichtbar/unsichtbar machen können.

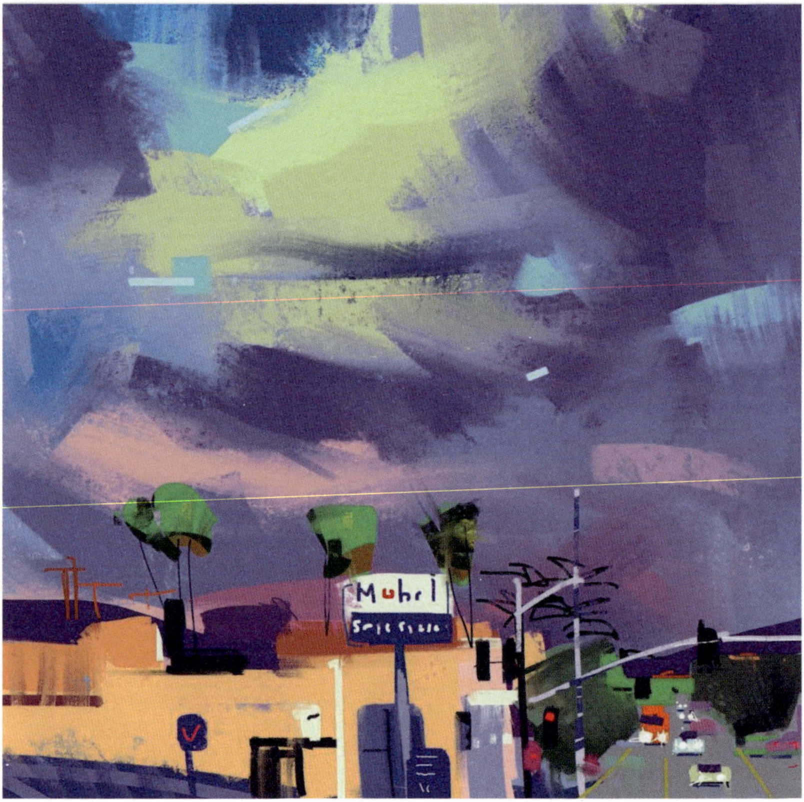

STEVE SANDOVAL

Blick aus dem Yogurt Haven

Procreate Pocket

Tipp: Sie können sich eine frische Leinwand mit vielen leeren Ebenen und gruppierten Ebenen anlegen und sie in »Hintergrund«, »Mittelgrund«, »Vordergrund« oder »Malereien«, »Linienzeichnung«, »Schatten« umbenennen, zusammen mit Gruppen, die Sie »Oberste Ebene«, »Beschriftungsebene« taufen. Das nächste Mal, wenn Sie irgendwo sitzen, duplizieren/kopieren Sie diese Leinwand und fangen einfach an zu malen. So sparen Sie viel Zeit für das Erstellen, Gruppieren und Benennen von Ebenen.

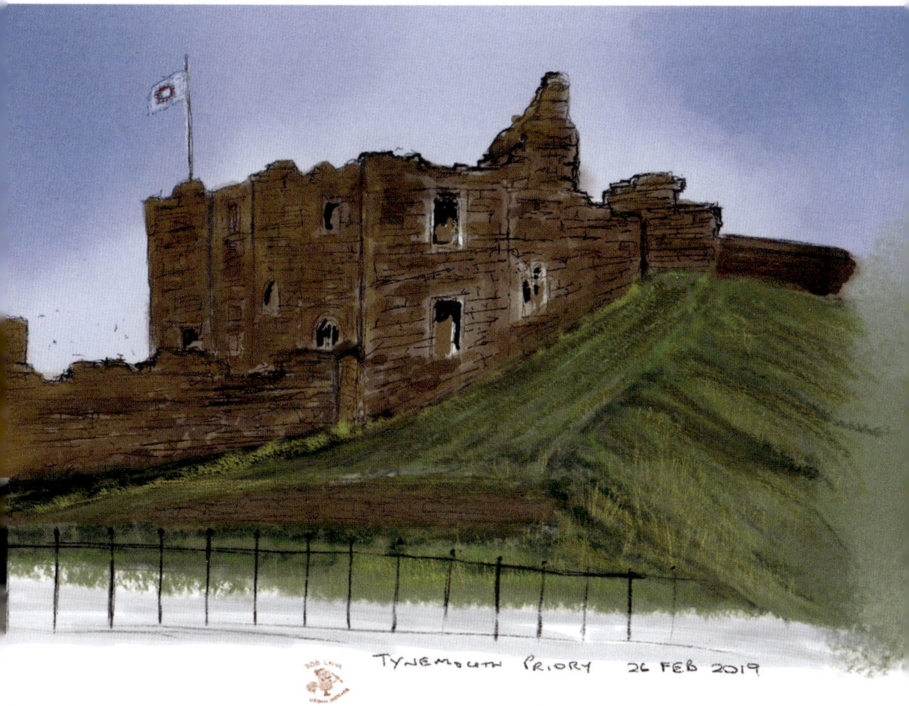

ROBERT LAINE

Landschaft mit Priorei

Procreate

Diese Szene ist von fesselnder Schlichtheit: ein gesprühter sanfter Himmel, darüber eine weitere Ebene mit Landschaft. Hier scheinen die Ebenen tatsächlich für Abstand zwischen Vordergrund und Hintergrund zu sorgen.

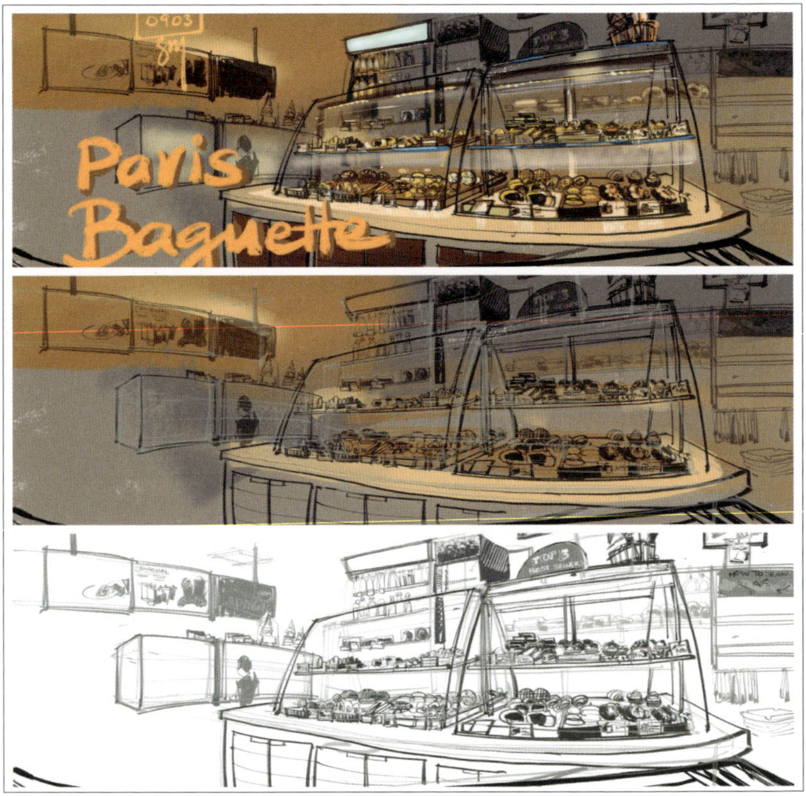

UMA KELKAR

In der Bäckerei

Procreate

Dieses Bild hat drei Ebenen: Eine für eine grobe Vorzeichnung. Die zweite ist für die Farben und die dritte Ebene für die Zeichnung, die darüber liegt. (In diesem Fall ist die dritte Ebene vor dem Kolorieren entstanden.)

Wolken

Procreate hat einen vorinstallierten **Wolken-Pinsel**, mit dem man gut luftige, halbtransparente Wolken malen kann. Für fette, schwere Wolken, die aussehen, als würde ihr Gewicht sie nach unten ziehen, habe ich Pinsel mit breiterem Strich und starken Texturen ausprobiert, um beeindruckende Wolken mit fransigen Rändern zu erhalten.

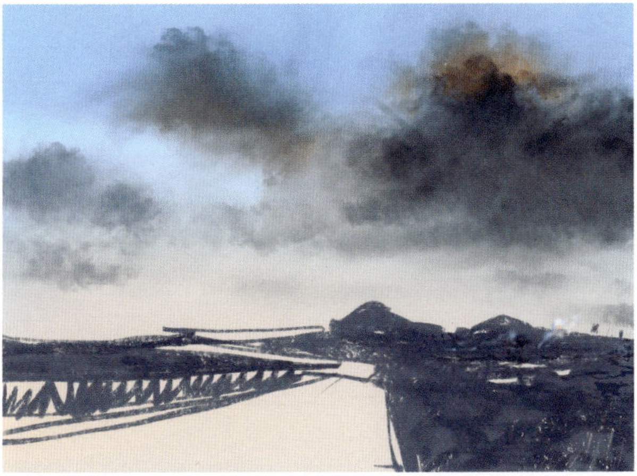

a

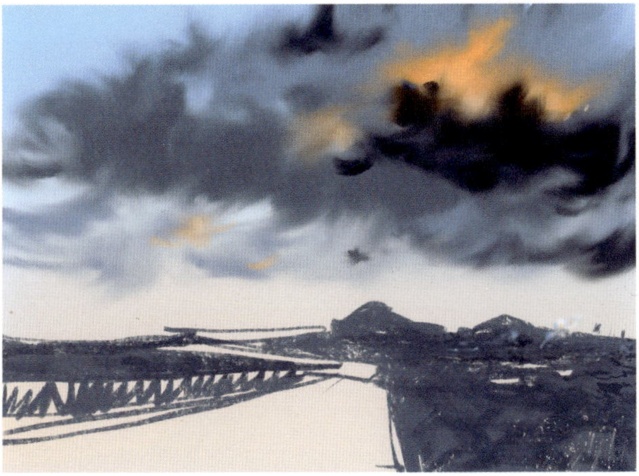

b

Vorinstallierter Wolken-Pinsel (a) versus Hanf-Pinsel (b)

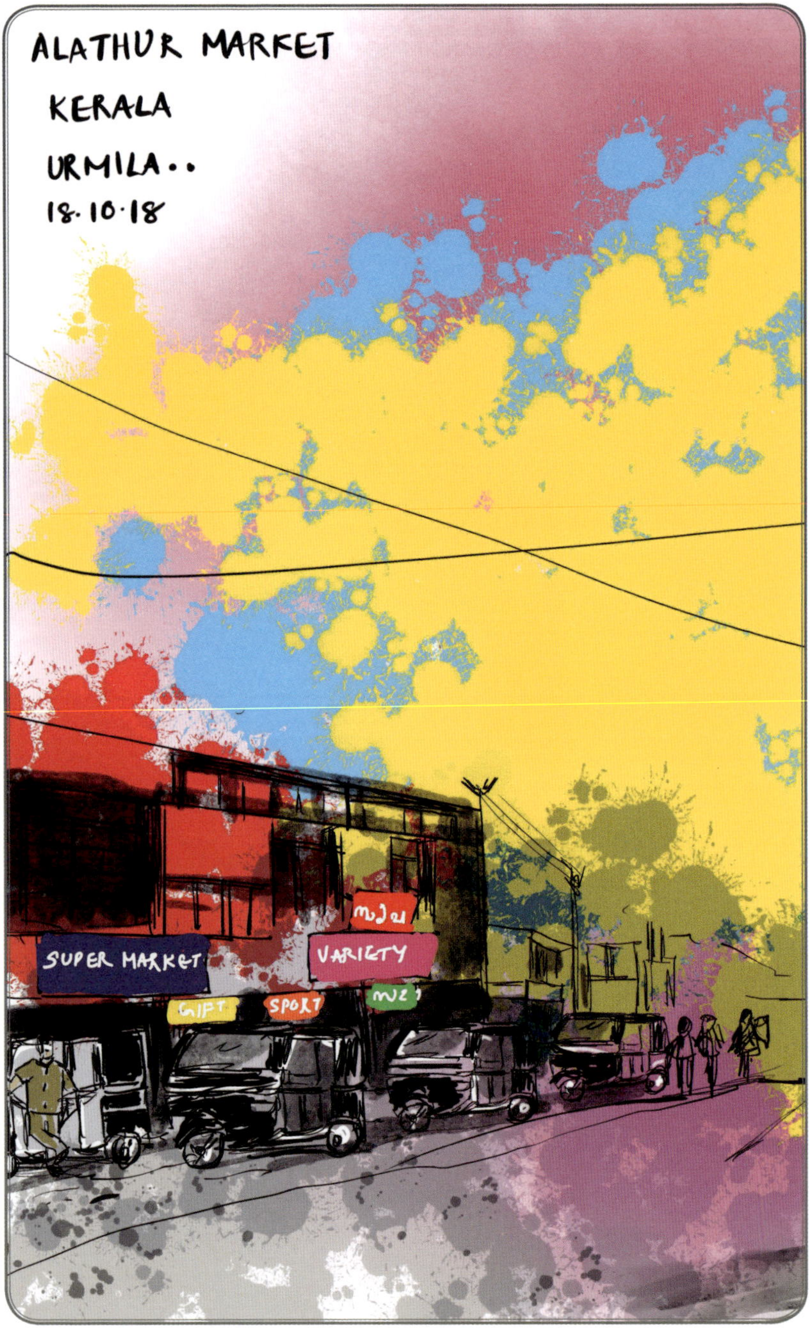
ALATHUR MARKET
KERALA
URMILA..
18.10.18
SUPER MARKET
VARIETY
GIFT
SPORT

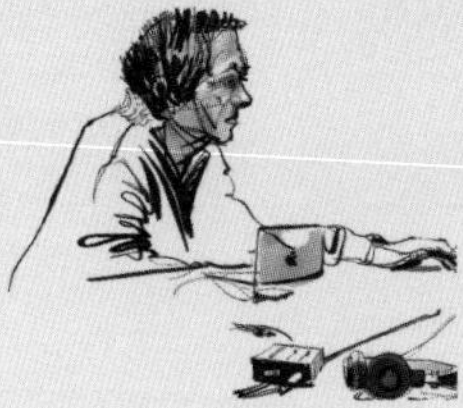

SCHLÜSSEL IV
TIEFER EINSTEIGEN

Sie haben sich jetzt die grundlegenden technischen Kenntnisse angeeignet. Es gibt noch zwei weitere Werkzeuge, die die Zeichengeschwindigkeit enorm beeinflussen. Um die geht es im Folgenden.

Auswahlwerkzeug

Mit dem Auswahlwerkzeug lässt sich ein Bereich der Leinwand auswählen, in dem Sie gezielt zeichnen, den Sie ein- und ausblenden oder löschen können. Meist dient dies dazu, feingliedrige Formen auszuwählen, die sorgsam koloriert werden müssen, ohne dass die Farbe über die Ränder läuft. Zudem lässt sich die ausgewählte Form auf eine andere Ebene verschieben.

URMILA MENON

Markt in Alathur

Procreate

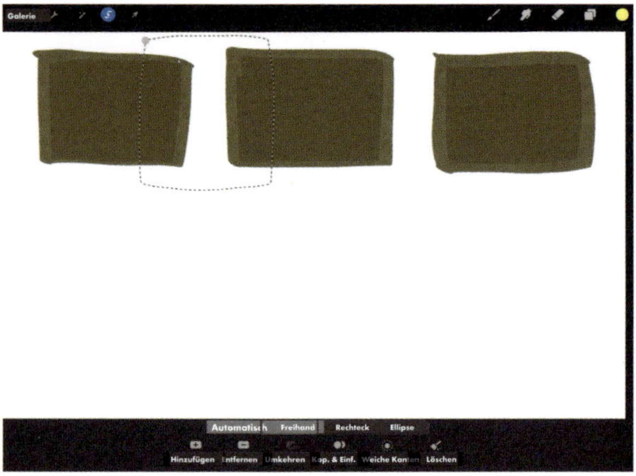

Ein Mit-Farbe-füllen-Werkzeug braucht eine gezeichnete Grenze, damit es nur die gezeichnete Form koloriert. Mit dem Auswahlwerkzeug können Sie einen ausgewählten Bereich färben, ohne dafür einen Umriss zeichnen zu müssen. Sobald Sie den ausgewählten Bereich mit Farbe gefüllt haben, beenden Sie das Auswahlwerkzeug, und Sie werden keinen gezeichneten Umriss sehen.

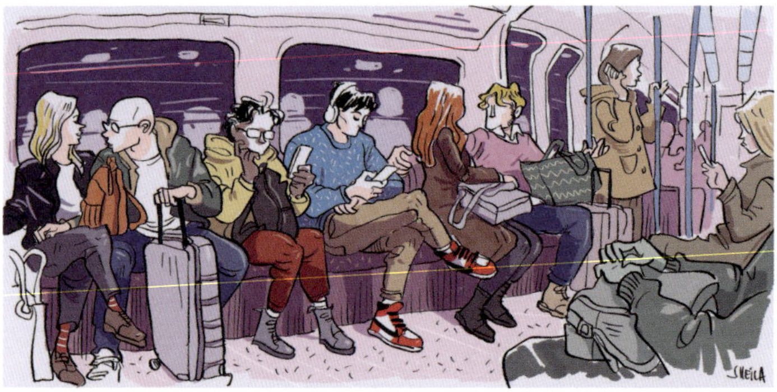

SHEILA R. PUTRI

Fahrgäste in der U-Bahn

Procreate

Die Schatten auf den Stoffen werden oft auf diese Weise gesetzt, um mit einer großen Pinselspitze einen sorgfältig ausgewählten Bereich zügig auszufüllen.

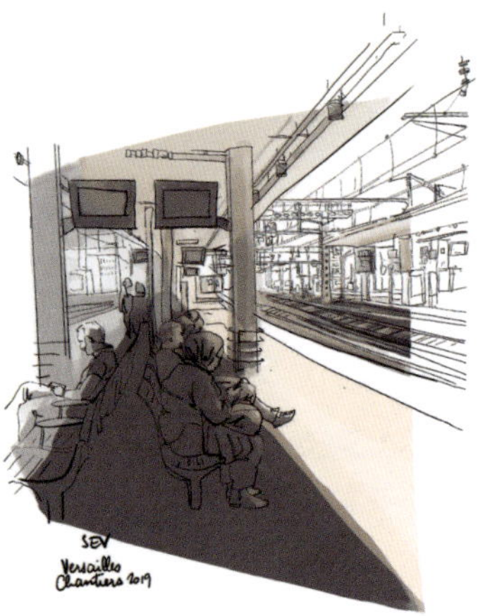

SEV COLMET DAAGE

Gare de Chantiers

Procreate

Bei diesem Bild wurde das Auswahlwerkzeug verwendet, um in dem inneren Viereck der Ebene weiterarbeiten und es einfärben zu können.

»Ich hatte gerade mal zehn Minuten Zeit, es war zu kalt, und meinem iPad ging der Saft aus. Doch wenn Sie je versucht haben, bei großer Kälte mit Aquarellfarben zu malen, wissen Sie, wie schwierig das ist, wenn das Wasser am Pinsel gefriert!«

Außer kolorieren können Sie mit dem Auswahlwerkzeug auch noch: kleine Bereich zum Radieren auswählen, Bereiche auswählen, um sie mit Texturen zu versehen, und die Größe der ausgewählten Bereiche in einer Zeichnung korrigieren.

SEV COLMET DAAGE

Novembre

Procreate

Beachten Sie, wie selektiv das Überblenden verwendet wird, um einen Eindruck von gerichtetem Licht zu erzeugen.

»Während ich im Marais in Paris auf einen Freund wartete, hatte ich plötzlich Lust auf eine Zigarette. November ist in Frankreich offiziell der ›Monat ohne Tabak‹. Ich hatte das Rauchen aufgegeben. Ich konnte mir jetzt entweder im *Tabac* – mit dem roten Leuchtschild – eine Packung Zigaretten kaufen oder in der Bäckerei ein Stück Schokoladenkuchen. Zum Glück kam mein Freund, bevor ich mich entschieden hatte. Ich konnte gerade noch die Bäckerei zeichnen; die rote Farbe auf dem *Tabac*-Schild fügte ich später hinzu, um mich daran zu erinnern: rot = verboten.«

Tipp: Sie können eine Ebene hinzufügen, wenn Sie im Auswahlmodus sind. Auf dieser neuen Ebene können Sie innerhalb der Grenzen des ausgewählten Bereiches kolorieren, ohne die Form noch einmal zeichnen zu müssen!

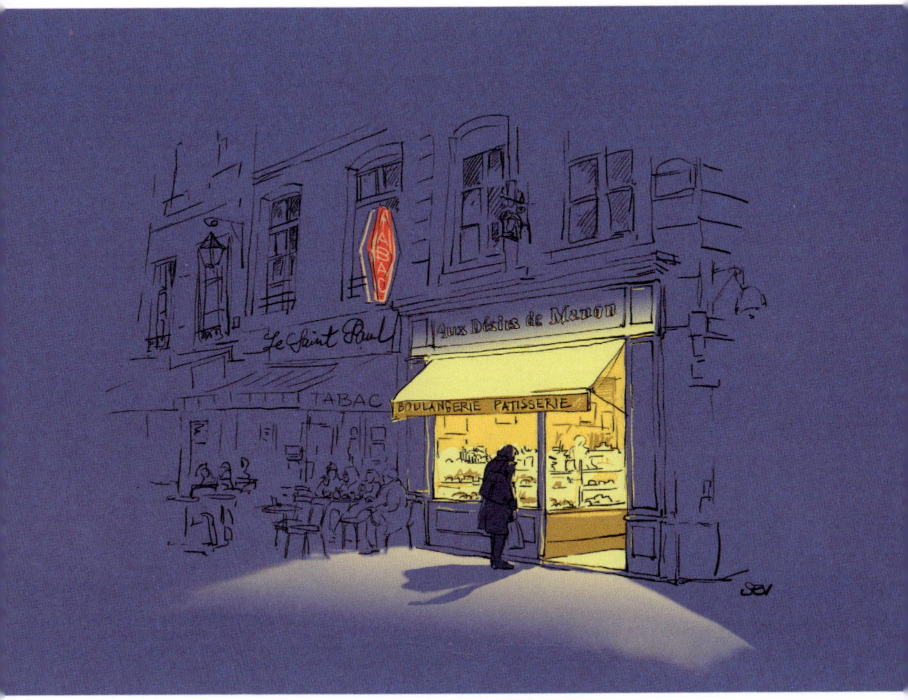

Transparenzsperre

Die Transparenzsperre dient dazu, Formen, die Sie gezeichnet haben, so zu sperren, dass Sie sie kolorieren können, ohne unbeabsichtigt über sie hinauszumalen. Dieses Werkzeug hat in den diversen Apps verschiedene Bezeichnungen. Ich verwende den Begriff aus Procreate: **Alphasperre**. Wenn Sie in Procreate auf der ausgewählten Ebene im Ebenen-Menü mit zwei Fingern nach rechts wischen, aktivieren Sie die Alphasperre. In diesem Modus können Sie nur das, was vorher gezeichnet wurde, überarbeiten, also malen, verwischen und radieren.

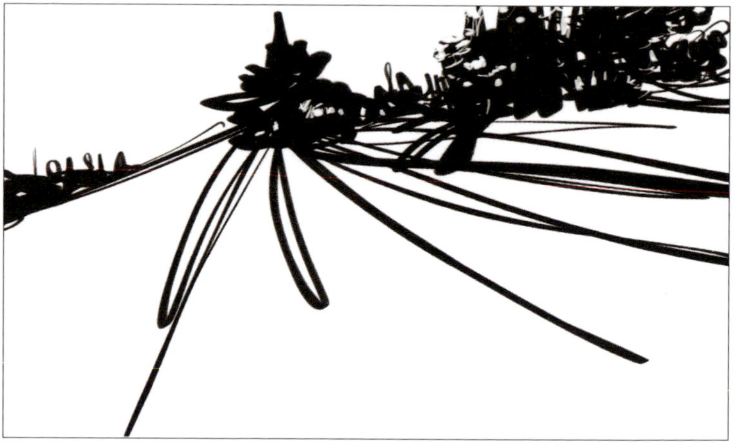

a

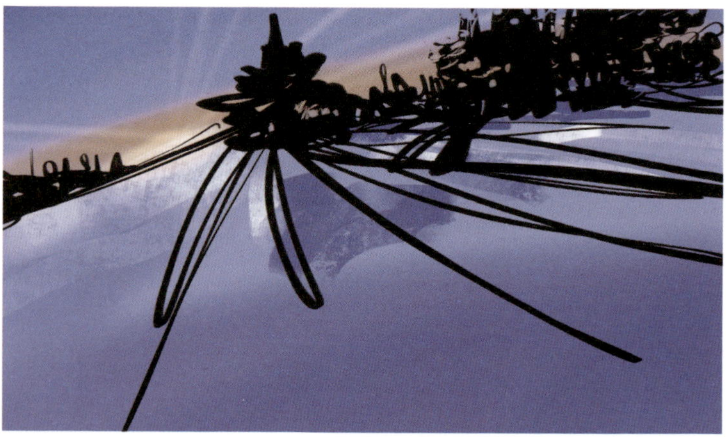

b

Bild a zeigt die Ebene, auf die alle Baumformen gemalt wurden. Bild b zeigt zusätzlich die Hintergrundfarbe auf einer darunterliegenden Ebene. Wenn wir die Ebene in Bild a mit der Alphasperre versehen und dann Airbrush schwach deckend verwenden, werden nur die Formen koloriert, die ursprünglich gezeichnet wurden (Bild c). Bild d zeigt die Verfeinerung von Pinselstrichen unter Verwendung der Alphasperre.

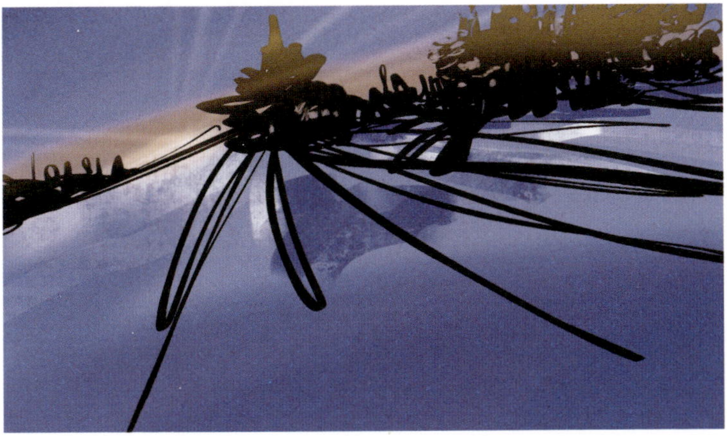

c

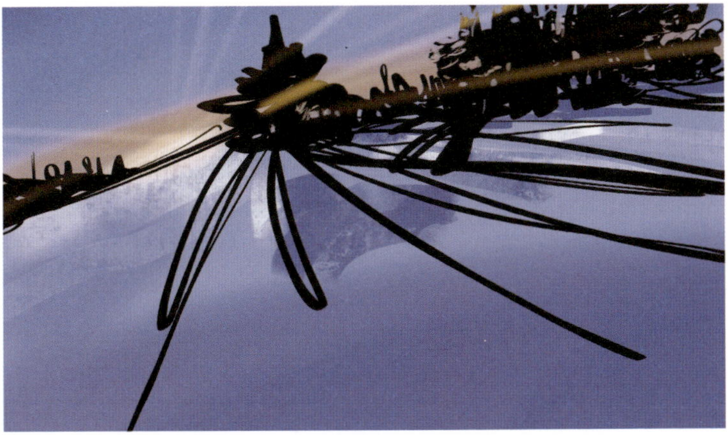

d

Jetzt überlegen Sie, was alles möglich ist, wenn Sie das Auswahlwerkzeug und die Alphasperre zusammen einsetzen.

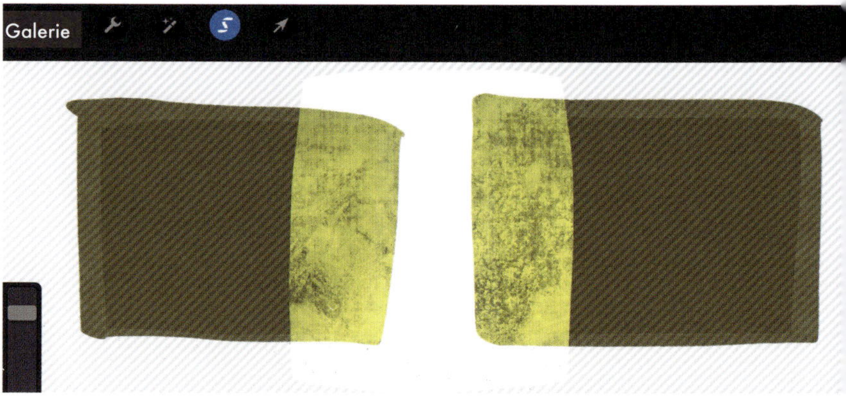

In diesem Beispiel wurden sowohl die Alphasperre als auch Auswahlwerkzeuge verwendet, sodass nur die ausgewählten Bereiche des Rechtecks die hellgelbe Textur aufweisen, ohne dass über die beiden Rechtecke ein Umriss gezeichnet wurde. Mit der Alphasperre allein hätten sich die beiden Rechtecke vollständig kolorieren lassen, während ausgewählte Teile rasch koloriert werden können, ohne die Pinselstriche allzu sorgfältig setzen zu müssen.

Der Begriff Alpha wird üblicherweise im Zusammenhang mit der Kontrolle der Transparenz verwendet: Digitale Bilder werden in einem Format gespeichert, das aus folgenden Kanälen besteht: dem Rot-, Grün-, Blau- und ggf. einem oder mehreren Alphakanälen. Der Alphakanal bestimmt, wie ein Pixel sich verhält, wenn sich zwei Farben überlagern.

Übung

Spielen Sie bei einer zuvor fertiggestellten Zeichnung mit dem Auswahlwerkzeug. Oder Sie importieren ein Foto Ihres Zimmers auf Ihre Leinwand und spielen mit dem Auswahlwerkzeug, um nur die Wände auszuwählen. Sie können unter anderem *Freihand* oder *Automatisch* auswählen. Probieren Sie beides aus. Wenn Sie alle Wände in Ihrem Bild ausgewählt haben, kolorieren Sie sie mit einer neuen Farbe. Soll es realistischer aussehen? Spielen Sie mit der Transparenz der Ebene und auch mit Effekten wie Multiplizieren, womit wir uns im letzten Kapitel befasst haben. Gibt es beim Auswahlwerkzeug Optionen, mit denen Sie automatisch die ganze Wand auswählen können? Einige Apps besitzen diese Funktionen, es dauert nur ein Tippen und ein paar Sekunden, um sie zu erkunden.

Skalieren und Verschieben

Beim Zeichnen auf dem Tablet lässt sich die Größe der Zeichnungen verändern, damit sie hinterher in Ihre Kompositionen passen. Dafür wählen Sie mit dem Auswahlwerkzeug den betreffenden Bereich aus und verwenden dann das Transformieren-Werkzeug, um diesen zu verschieben oder seine Größe zu verändern. (Achtung: In ArtRage kann zurzeit nur die ganze Ebene transformiert werden, jedoch nicht Teile eines Bildes auf einer Ebene.)

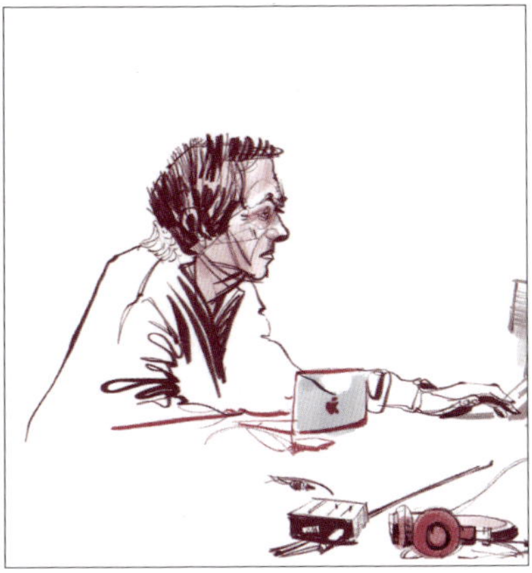

a

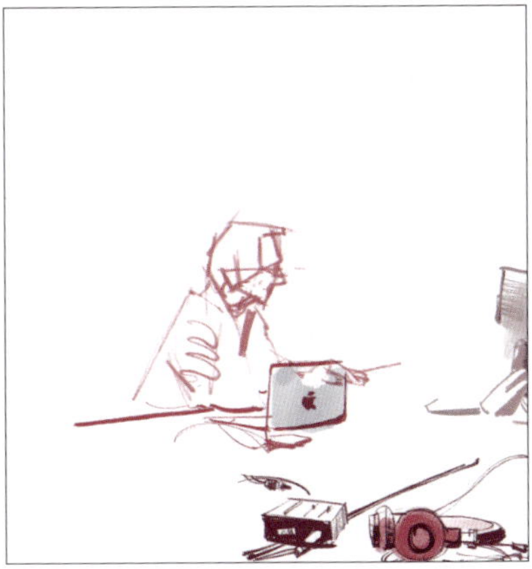

b

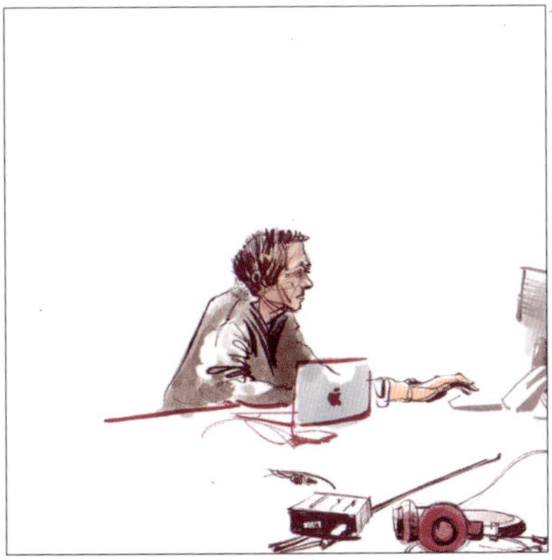

c

Manchmal ist es einfacher, eine Figur größer zu zeichnen (Bild a) und sie dann Pi mal Daumen zu verkleinern (Bild b), bis die Proportionen stimmen (Bild c).

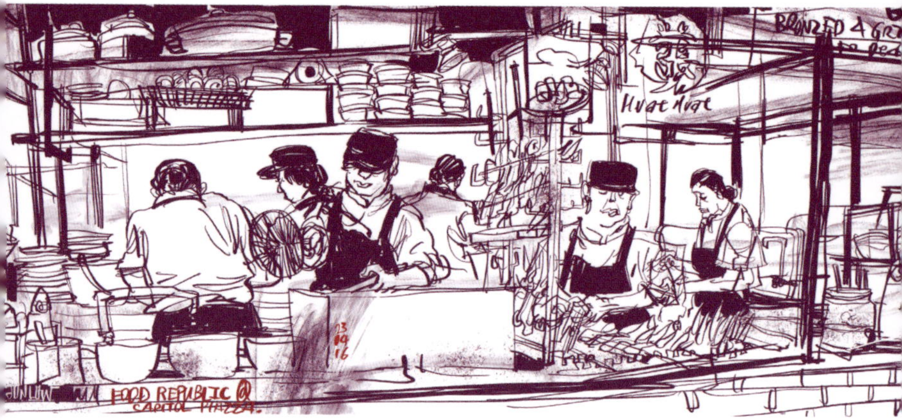

DON LOW

Zeichnen im Food Court

Procreate

»Mit Procreate habe ich die Möglichkeit, Dinge rasch festzuhalten, ohne dass ich mir über die Qualität des Papiers oder des Stifts Gedanken machen muss und ohne zu viele Sachen mit mir herumschleppen zu müssen. Ich verwende *Widerrufen* nur sparsam. Allerdings ändere ich von Zeit zu Zeit die Größe, denn ich kann am Anfang nur schwer einschätzen, wie groß meine Zeichnung werden wird. Dafür suche ich noch eine gute Lösung, doch vorerst mache ich ein paar grobe Markierungen auf die ganze Leinwand, zoome in einen Bereich und fange an zu zeichnen.«

Übung

Mit der Kopieren & Einfügen-Funktion der digitalen Zeichen-App können Sie einen ganzen Wald ins Bild setzen, indem Sie nur einen Baum zeichnen. Spiegeln Sie einen Baum, verkleinern Sie ihn um 50 Prozent und setzen Sie ihn wiederholt auf die Leinwand. Verwenden Sie die Alphasperre, um einige Bäume in einer anderen Farbe zu kolorieren. Machen Sie alle Ebenen zusammen sichtbar und betrachten Sie Ihren Wald!

Zeichengitter

Falls Sie mit der Perspektive ringen, fügen Sie auf der untersten Ebene manuell ein **Perspektivenraster** ein; sobald die Zeichnung fertig ist, können Sie es ausschalten. Bei der Procreate-App können sie auch auf eine eingebaute **Zeichenhilfe** zurückgreifen. Wenn Sie dieses Werkzeug erkunden, werden Sie viele Variationen finden, die Ihnen helfen, die Perspektive nach Ihrem Geschmack zu bewältigen. Die Zweipunkt-Perspektive finde ich zum Beispiel nützlich für Stadtansichten.

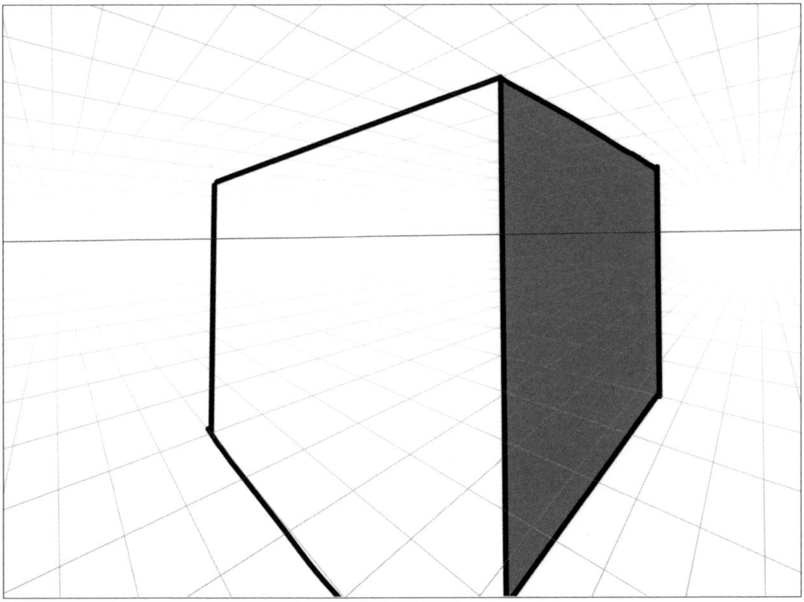

Ein Würfel, der mithilfe des Zweipunkt-Perspektivenrasters gezeichnet wurde.

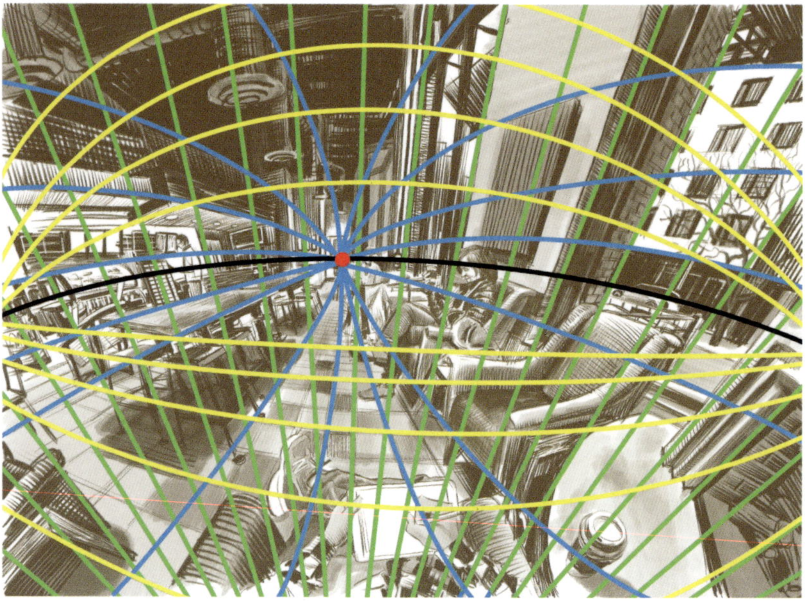

PAUL HEASTON

Darübergelegte Perspektive

Procreate

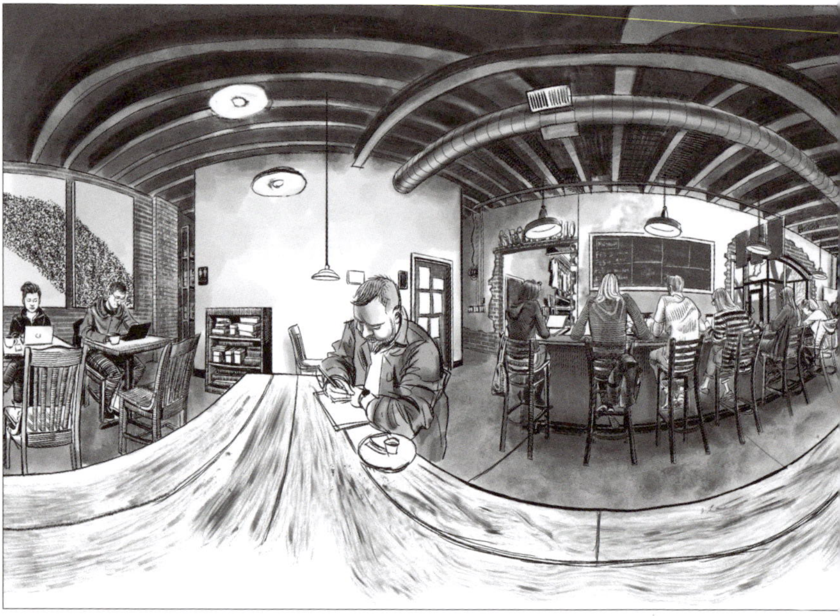

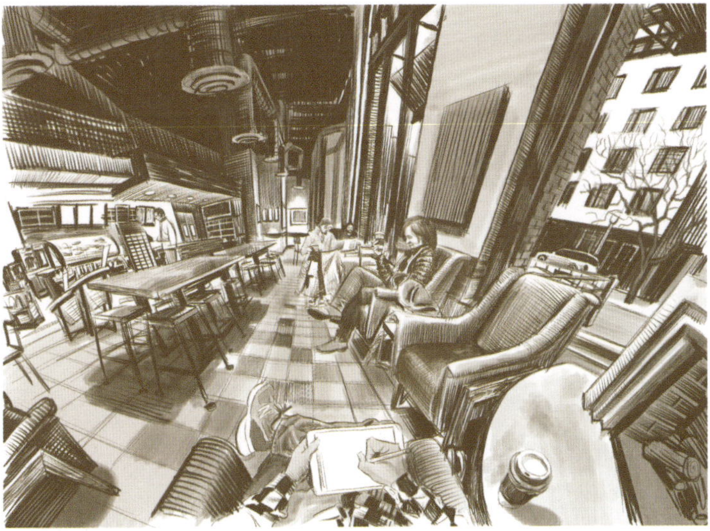

PAUL HEASTON

Café in der 16th Street

Procreate

Paul Heaston ist inzwischen so geübt im Umgang mit Perspektive, dass er kein Perspektivenraster mehr braucht.

»Meine Herangehensweise an Perspektive in einer Weitwinkel- oder Fischauge-Zeichnung ist sehr intuitiv. Nachträglich ein Perspektivenraster darüberzulegen zeigt nur, wie intuitiv und spontan diese Herangehensweise ist. Selbst der Horizont ist gebogen. Wenn ich so eine Szene angehe, fange ich mit dem Vordergrund an und arbeite mich mehr oder weniger im Uhrzeigersinn nach hinten durch, wobei ich wichtige Dinge wie Maßstab, Proportion und Verkürzung im Blick behalte, während ich mir um Fluchtpunkte und akkurate Winkel keine großen Gedanken mache.«

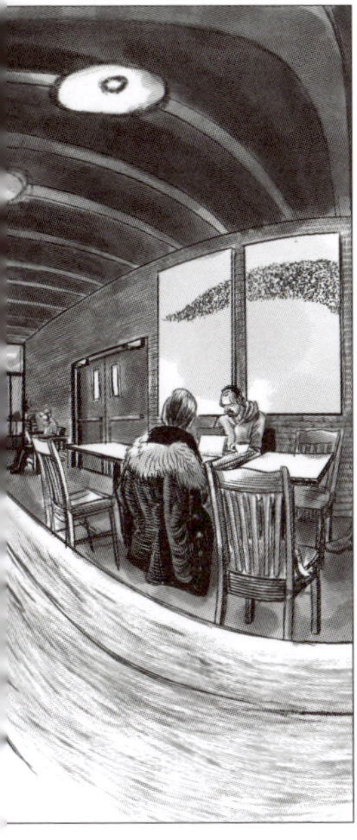

PAUL HEASTON

Denver Bicycle Cafe

Procreate

Pinsel individuell anpassen

Je nachdem, wie Sie die Hand bewegen und/oder wie die Druckkurve für den Eingabestift eingestellt ist, haben Sie womöglich im Laufe der Zeit das Bedürfnis nach einem Pinsel, dessen Eigenschaften Ihrem Stil entgegenkommen. Der eine möchte vielleicht eine schartigere Kante, die Nächste wünscht sich eine unregelmäßigere Textur und der Dritte, dass der Strich breiter wird, wenn er nur ein wenig fester aufdrückt. Mit der App können Pinsel individuell angepasst werden. Doch es gibt auch andere Kreative, die tolle Pinsel entwickeln und online verkaufen. Sehen Sie sich im Internet um.

Texturen

Einer gezeichneten Form Textur hinzuzufügen gibt ihr ein realistischeres Aussehen. Wenn Sie das Auswahlwerkzeug zusammen mit der Alphasperre verwenden, lassen sich Texturen leicht und schnell setzten – und das ist beim Zeichnen unterwegs ein Plus.

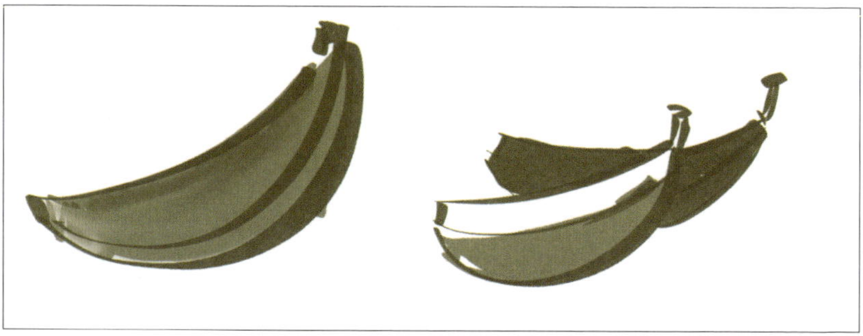

a

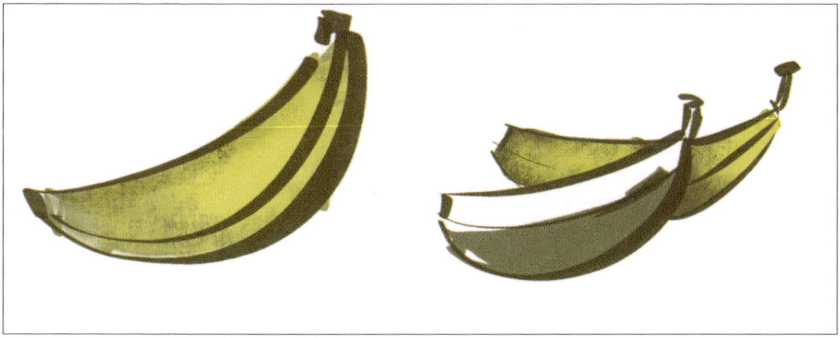

b

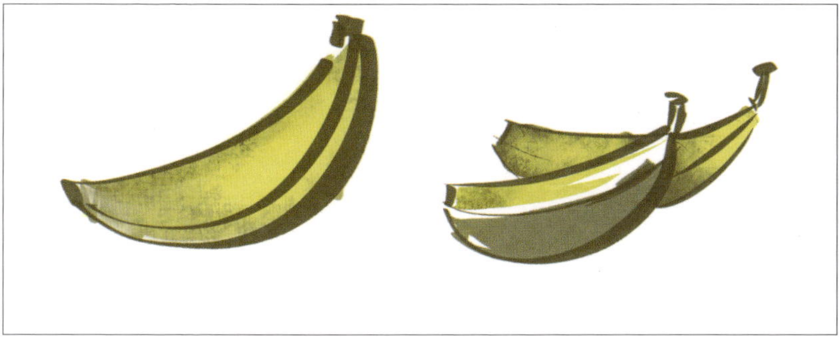

c

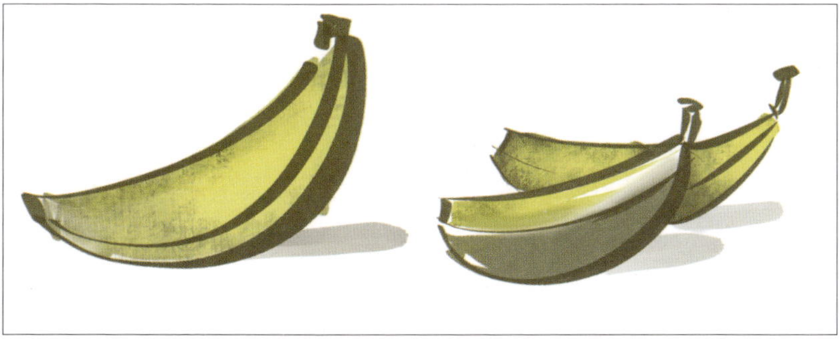

d

Bild a hat eine Zeichenebene, die mit einer Alphasperre versehen ist. In Bild b wurde die Textur hinzugefügt. Dann wurde in Bild c in einem ausgewählten Bereich eine Farbe ergänzt, und in Bild d wurde gewischt und eine Ebene mit Schatten hinzugefügt.

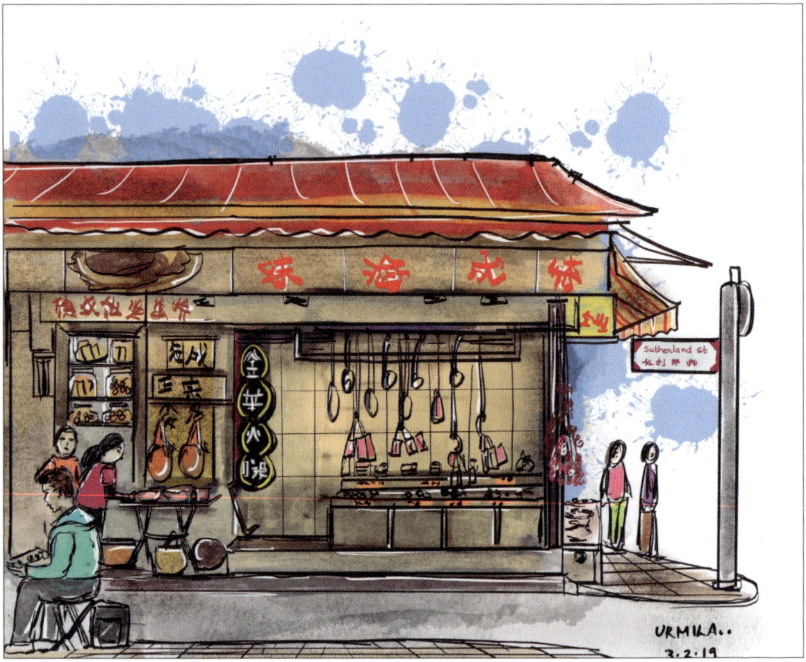

URMILA MENON

Ohne Titel

Procreate

Urmila verwendet texturierte Pinselstriche, um Formen zu füllen. Das gibt ihren Bildern etwas Schrulliges.

DON LOW

Chinatown Singapur

Procreate

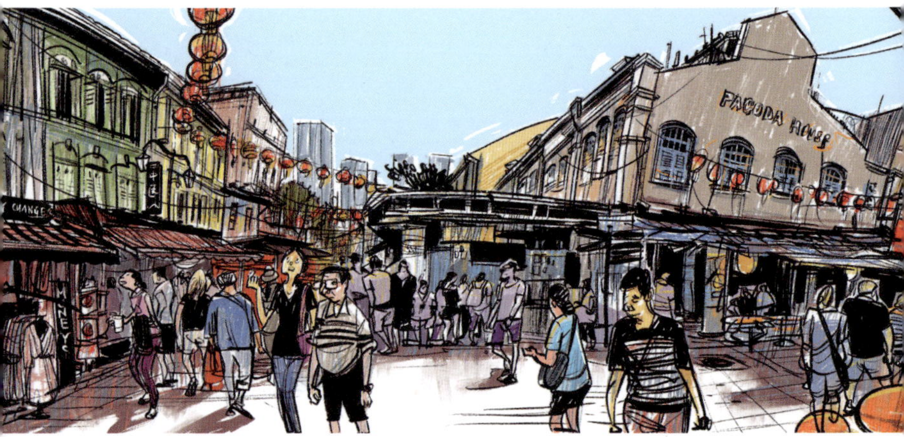

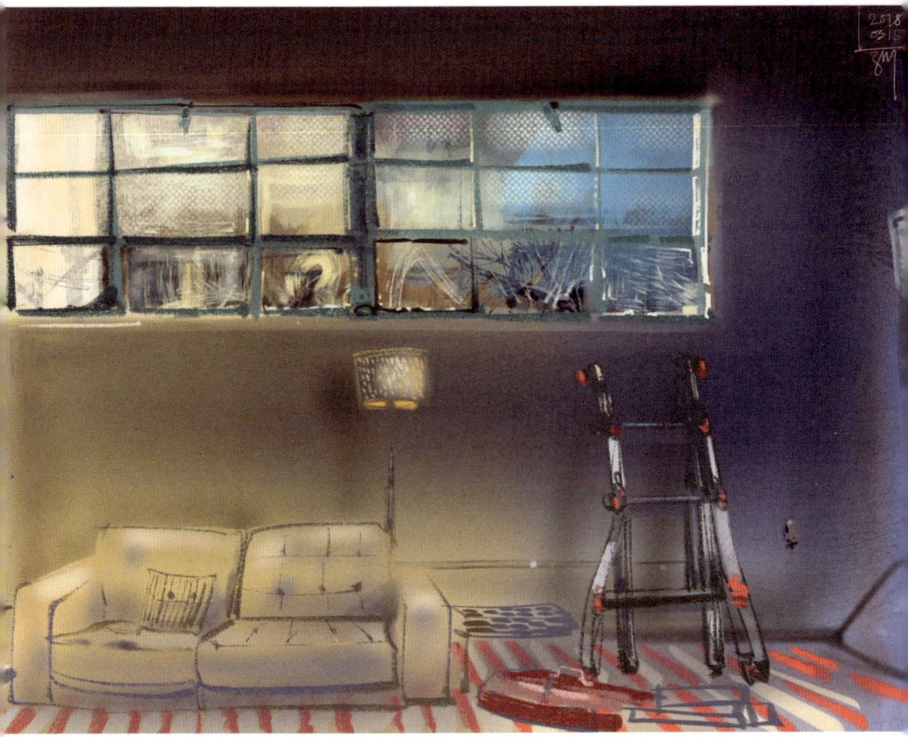

↑ UMA KELKAR

Mein Atelier

Procreate

Die Muster auf den Fensterscheiben mit der Hand zu setzen wäre sehr zeitaufwendig gewesen; die Verwendung einer Textur nur bei den Fenstern hat die Dinge beschleunigt.

Tipp: Erfahrene Zeichner können Texturen aus der Natur importieren, die Maskieren- und Multiplizieren-Funktionen nutzen, um ihre Auswahl an Texturen zu vergrößern oder die Texturen zu den Pinseln zu speichern. Das geht nicht bei allen Apps.

Spiegelungen

Duplizieren Sie die Ebene, auf der Sie gemalt haben. Spiegeln Sie die duplizierte Ebene und verringern Sie ihre Deckkraft. Abhängig davon, wie langgezogen die Spiegelungen sind, müssen Sie die gespiegelte Ebene skalieren oder verzerren. Ich habe festgestellt, dass ich den besten Effekt für Kräuselwellen nicht mit dem eingebauten Wasserpinsel erziele, sondern mit dem Meerpinsel (der zum Glätten verwendet wird).

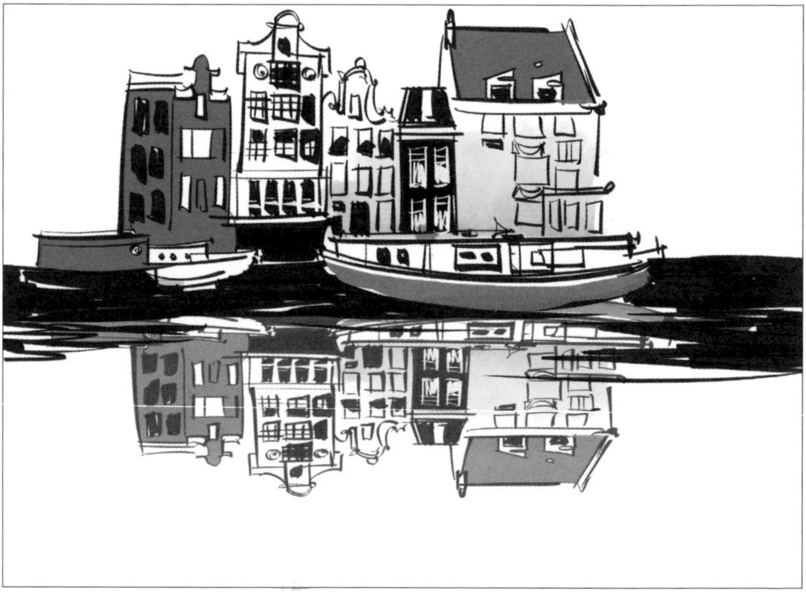

a

Obere Zeichnung dupliziert und gespiegelt (Bild a) und mit verwischten Kräuselwellen (Bild b).

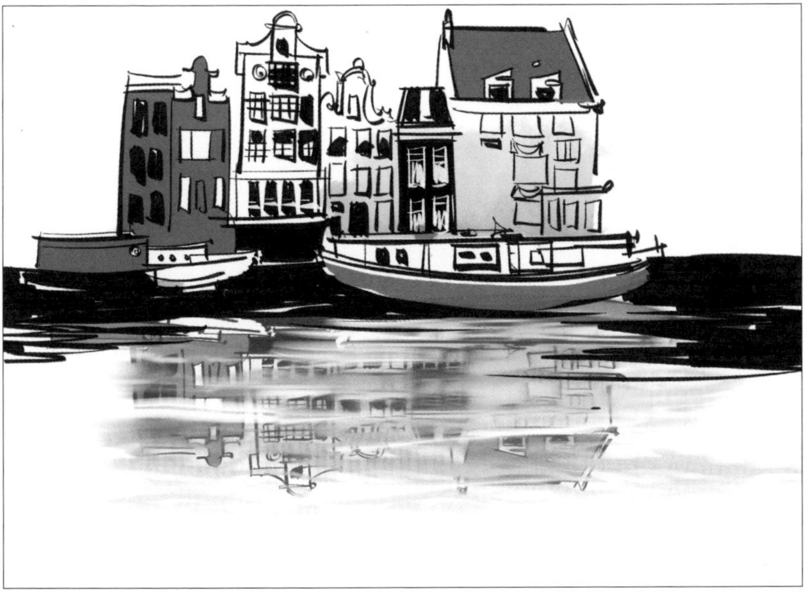

b

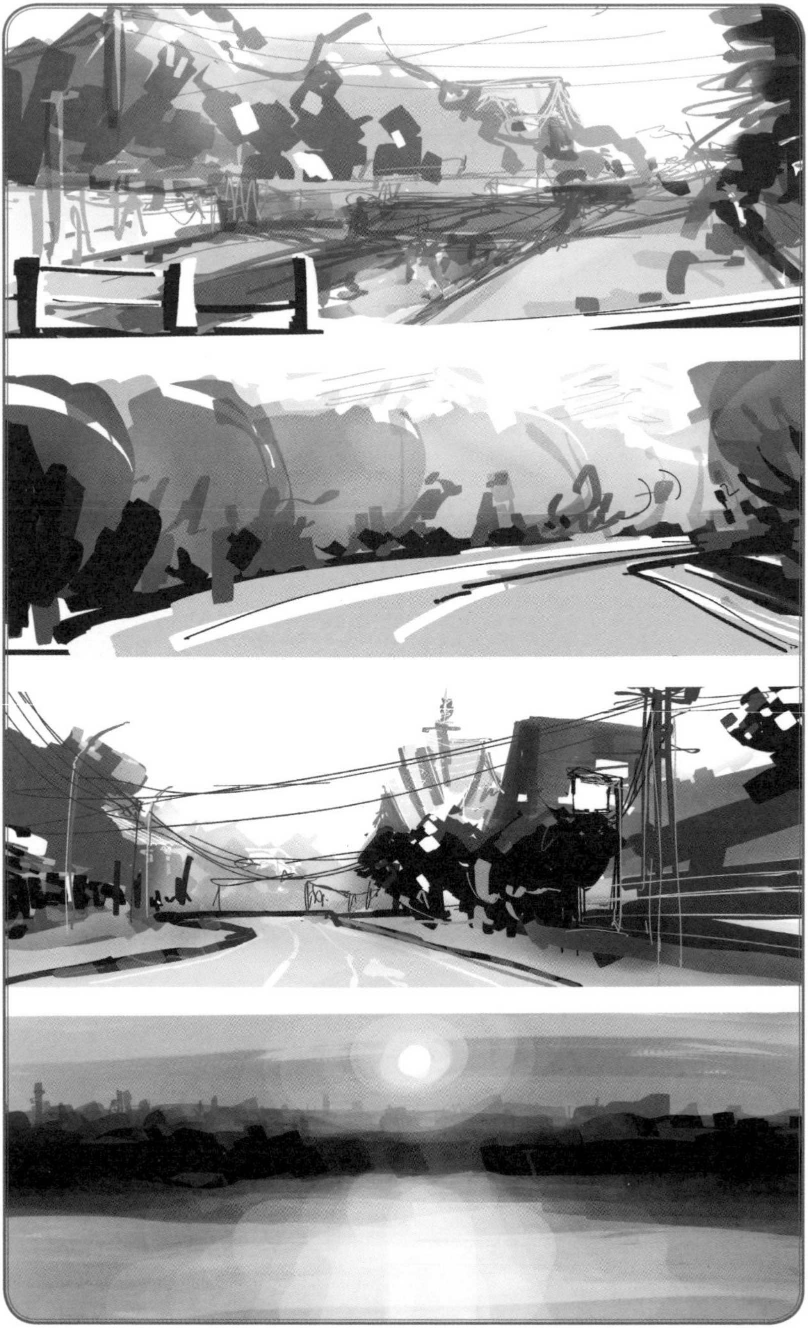

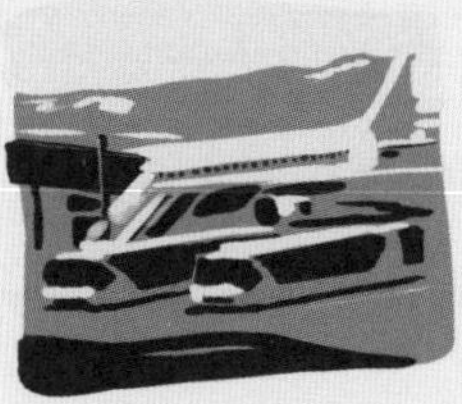

SCHLÜSSEL V
WERKZEUGE GEKONNT NUTZEN

Je mehr Sie mit den digitalen Medien arbeiten und je weiter sich Apps entwickeln, desto interessanter wird es.

Ist mit digitalen Medien mehr möglich als das Offensichtliche? Ich strapaziere Werkzeuge gern bis zum Äußersten und lote die Grenzen eines Mediums aus. Entweder wachse ich oder das Medium wächst oder das Ergebnis missfällt mir und ich rudere zurück. In meinem Beruf als Ingenieurin kenne ich meistens die extremen Betriebsanforderungen meiner Entwürfe – und wenn etwas in der Praxis nicht funktioniert, analysiere ich, was zu dem Fehlschlag geführt hat. Ähnlich kann ich, wenn ein Bild in meinen Augen nicht funktioniert, recht objektiv sagen, woran es scheitert. Doch Kunst ist mehr als chirurgisches Sezieren. Ich bin auch nicht besonders pedantisch, aber meine Kunst, mein Wissen und meine Ingenieurskunst sollen bis an die Grenze dessen wachsen, wo es anfängt wehzutun. Das heißt nicht, dass Sie unbedingt meinem Vorbild folgen müssen. Picken Sie sich aus diesem Kapitel heraus, was Sie möchten, experimentieren Sie, so viel es Ihnen gefällt. Sie genießen meinen Respekt dafür, dass Sie dranbleiben – wo auch immer Sie stehen.

C HUMBERTO MARUM

Ohne Titel

Procreate

»Die Woche über mache ich, wenn ich unterwegs bin, eine Reihe von Miniaturskizzen, fünf bis zehn Minuten, alle auf derselben Seite. Wenn ich die Gelegenheit habe, wähle ich eine Szene aus, gehe zurück und arbeite sie in einem größeren Format aus.«

Mixed Media

Jahrelang haben Künstlerinnen und Künstler Bleistift, Aquarellfarben, Acrylfarben, Buntstifte, Collage und andere plastische Materialien gemischt, um interessante Texturen zu kreieren und Kunstwerke, die Gefühle anders ansprechen als ein einziges Medium allein. Wie wäre es, wenn Sie diese Mischung noch um ein digitales Medium erweitern?

Die minimalste Kombination von traditionellen und digitalen Medien ist für mich Tusche plus Procreate. Importieren Sie zuerst ein Bild einer Linienzeichnung auf eine Ebene. Auf dieser Ebene können Sie mit dem Auswahlwerkzeug den Hintergrund auswählen und ihn löschen oder nur die Linienzeichnung auswählen und sie auf eine separate Ebene verschieben. Wenn Sie unter die Linienzeichnung weitere Ebenen hinzufügen, können Sie unter dem Umriss kolorieren; setzen Sie Ebenen darüber, lassen sich markante kalligrafische Elemente oder andere digitale Zeichnungen ergänzen.

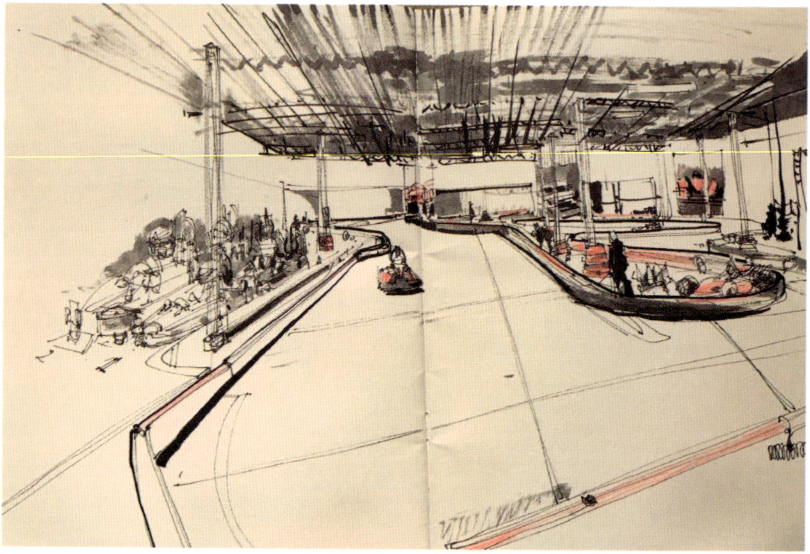

a

Bild a ist das ursprüngliche Foto, das ich auf eine Ebene importiert habe. Bild b zeigt es mit entferntem Hintergrund. Bild c zeigt die kolorierten Ebenen, die ich unter der Zeichnung eingefügt habe. Weitere Betonung einzelner Linien oben drauf ergaben die abschließende Komposition, Bild d.

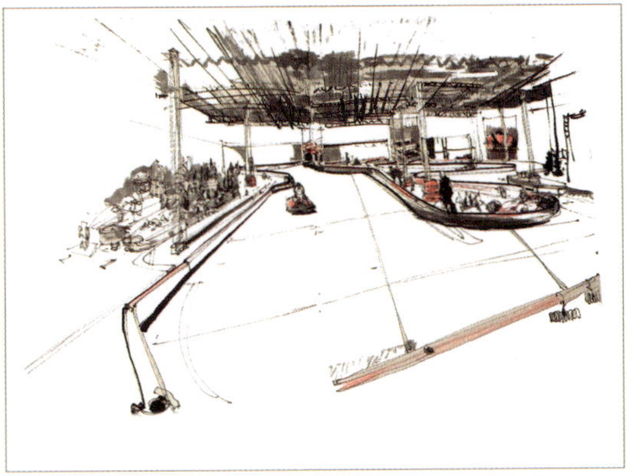

b

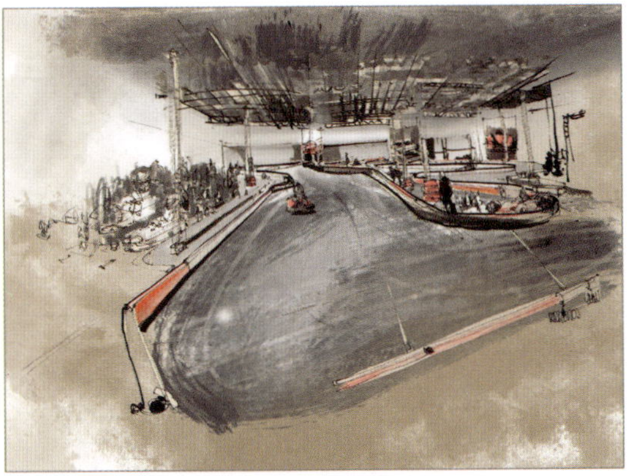

c

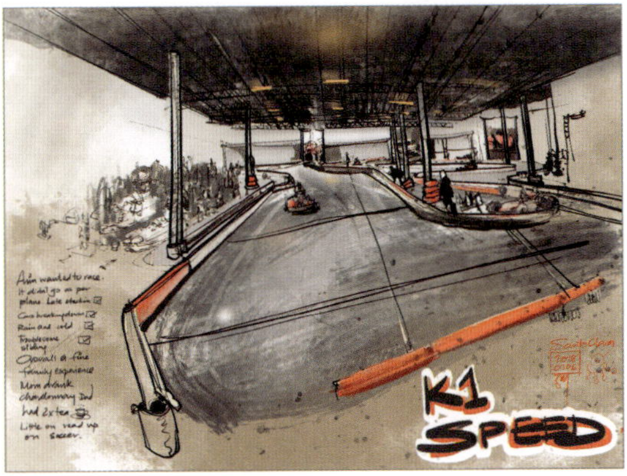

d

Mit Verzerrung arbeiten

Der Begriff Verzerrung ist negativ konnotiert, doch beim digitalen Zeichnen ist das **Verzerren-Werkzeug** ein wunderbares Hilfsmittel. Die folgende Wolkenskizze wurde angefertigt, um die ungeheuren Ausmaße von Wolken und die extremen Farbkontraste festzuhalten. Doch eine flache Liniendarstellung hätte nicht so viel Wirkung wie die Verzerrung, die sie in der Mitte zusammenbauscht. Experimentieren Sie, tippen Sie auf das Transformieren-Werkzeug und spielen Sie mit den Optionen, die am unteren Rand auftauchen. *Verzerren* und *Verformen* sind zwei, die mir besonders liegen. *Verzerren* ermöglicht Verzerrungen an den Rändern, während mit *Verformen* die dazwischenliegenden Punkte innerhalb der ausgewählten Ebene verschoben werden.

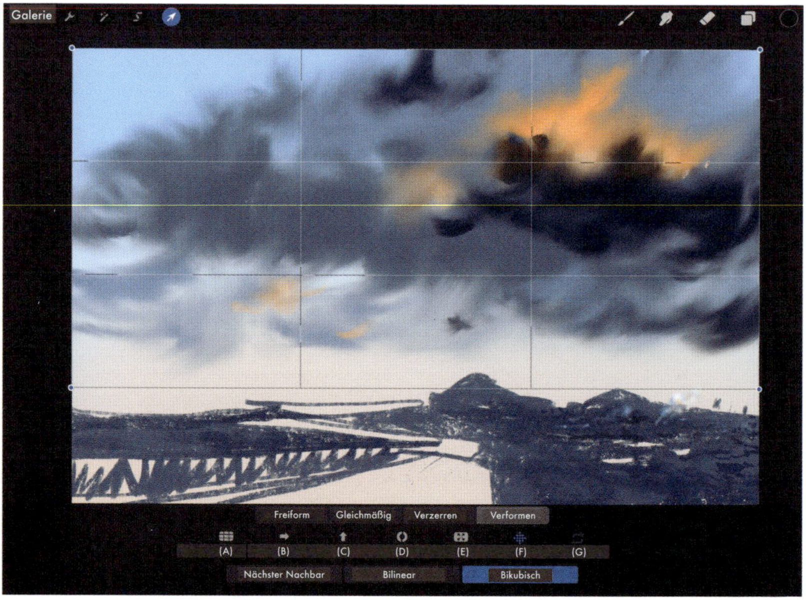

Dieses Beispiel zeigt nur eine leichte Verzerrung, doch sie wird gebraucht, um das Gewicht der Wolken zum Ausdruck zu bringen.

(A) Erweitertes Gitter
(B) Horizontal spiegeln
(C) Vertikal spiegeln
(D) Um 45° drehen
(E) An Bildschirm anpassen
(F) Interpolation
(G) Zurücksetzen

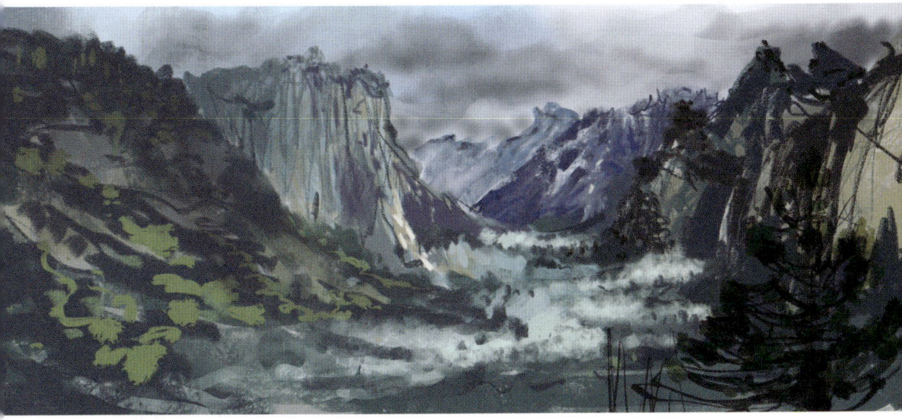

UMA KELKAR

Yosemite Tunnel View

Procreate

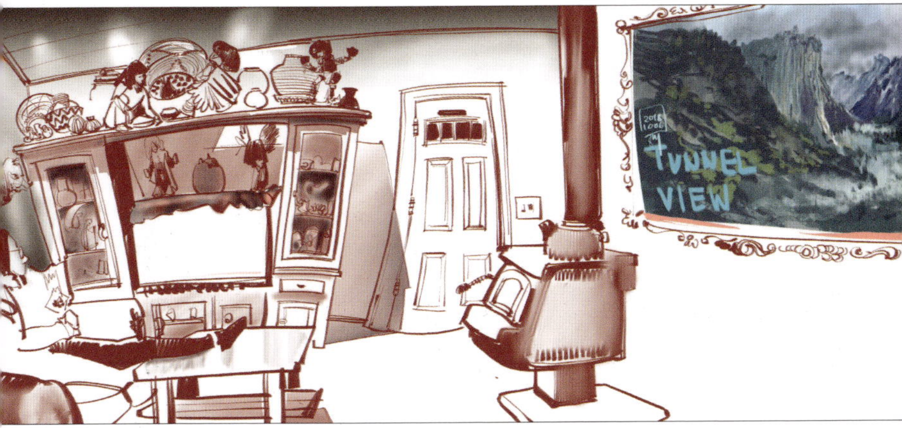

UMA KELKAR

Familienausflug in den Yosemite-Nationalpark

Procreate

Sie möchten erzählen, wie Ihr Tag war, aber nicht unbedingt mit einer realistischen Darstellung? Na dann, verzerren Sie die Zeichnung, die Sie am Morgen gemacht haben, damit sie in Ihre Zeichnung vom Abend passt. Die einzige Regel lautet, dass Sie Spaß haben sollen.

Übung

Zeichnen Sie ein Stoffmuster auf ein Handtuch an einer Wäscheleine. Verwenden Sie *Verzerren,* sodass das Handtuch flattert, als wäre es von einem Windstoß erfasst worden.

STEVE KRAPEK

Tagebuch einer Baustelle

Procreate

Steve hat diese Bilder im Laufe von Monaten gezeichnet, um den Baufortschritt zu dokumentieren, und dann hat er uns, quasi als Statusmeldung, diese Collage geschickt.

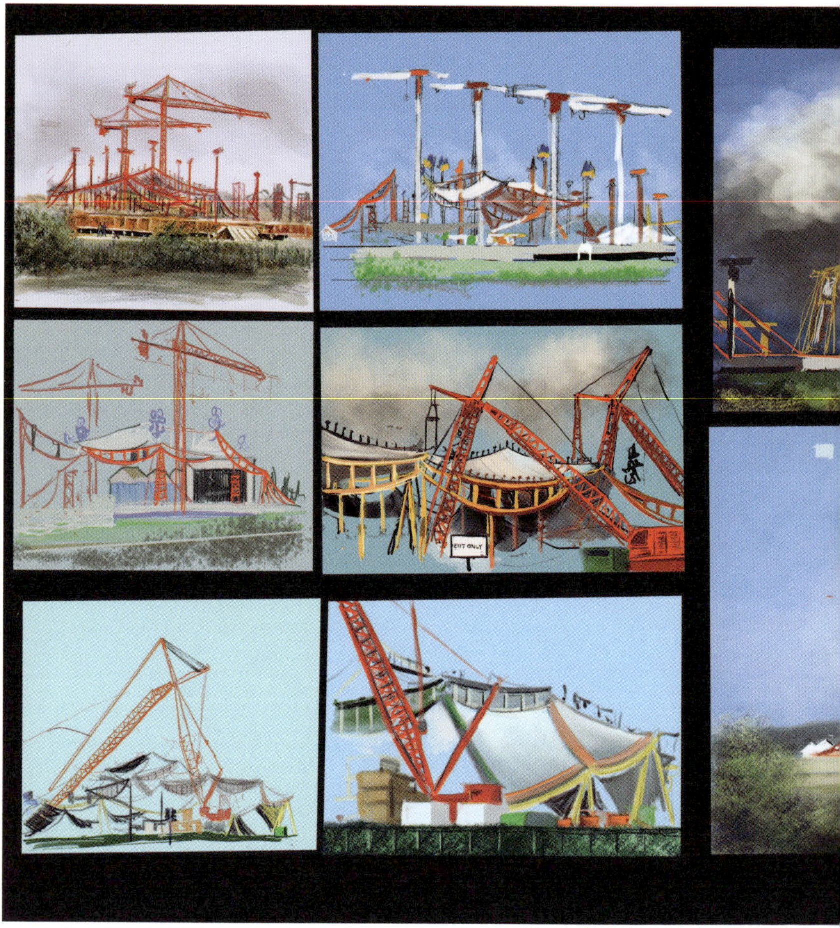

Tipp: »Ich verwende *Skalieren* und *Verschieben* für digitale Collagen. Ich zeichne groß und auf so vielen Ebenen, wie ich möchte. Wenn die Zeichnung fertig ist, mache ich eine Gruppe aus allen Ebenen, bezeichne sie als Zeichnung 1, füge noch eine Ebene hinzu und fange eine neue Zeichnung an. Wenn ich so weit bin, eine Collage zu machen, kann ich Gruppen genauso skalieren wie individuelle Ebenen.« (Steve Krapek)

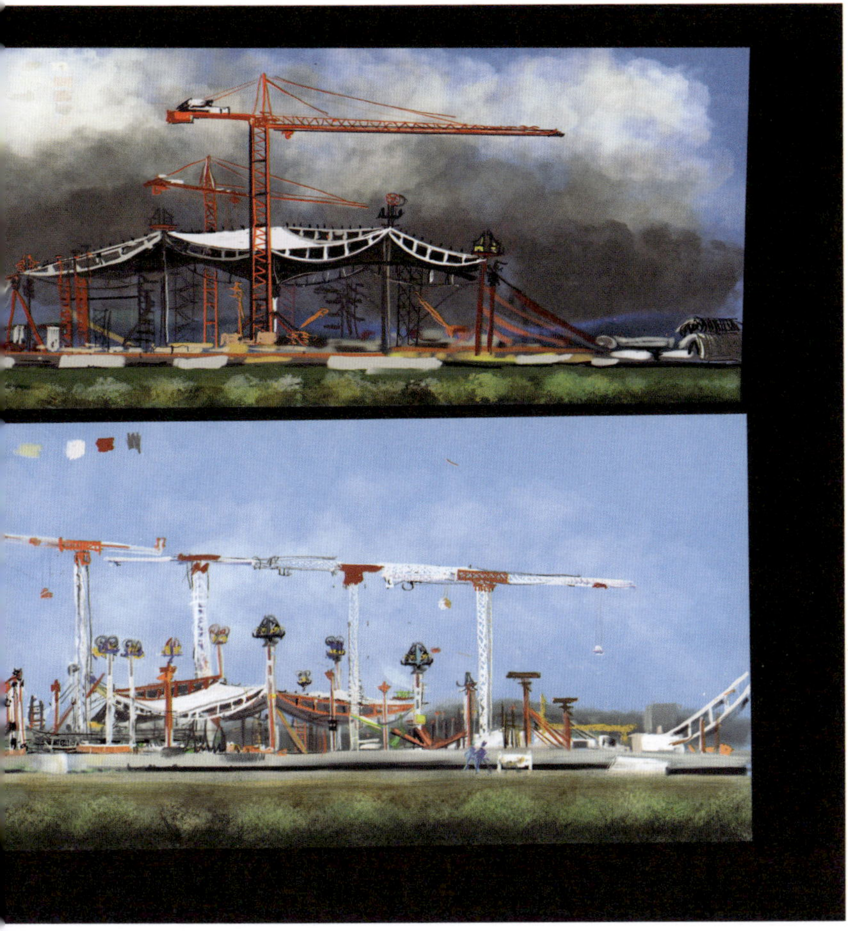

Größere und komplexere Werke

Wenn man mit Aquarellfarben arbeitet, bekommt man beim Mischen selten genau dieselbe Farbe wie am Tag zuvor. Durch die Paletten und das Farbauswahl-Werkzeug ist der Abgleich von Farben auf dem Tablet ein Kinderspiel. So können Sie über mehrere Tage hinweg an einer komplexen Szene malen.

Die Zeichnung unten entstand über zwei Tage, eine Stunde pro Tag. Dabei kamen Farbabgleich, Verschieben, Überblenden, Malen, Zeichnen und eine Auswahl von Werkzeugfunktionen zum Einsatz.

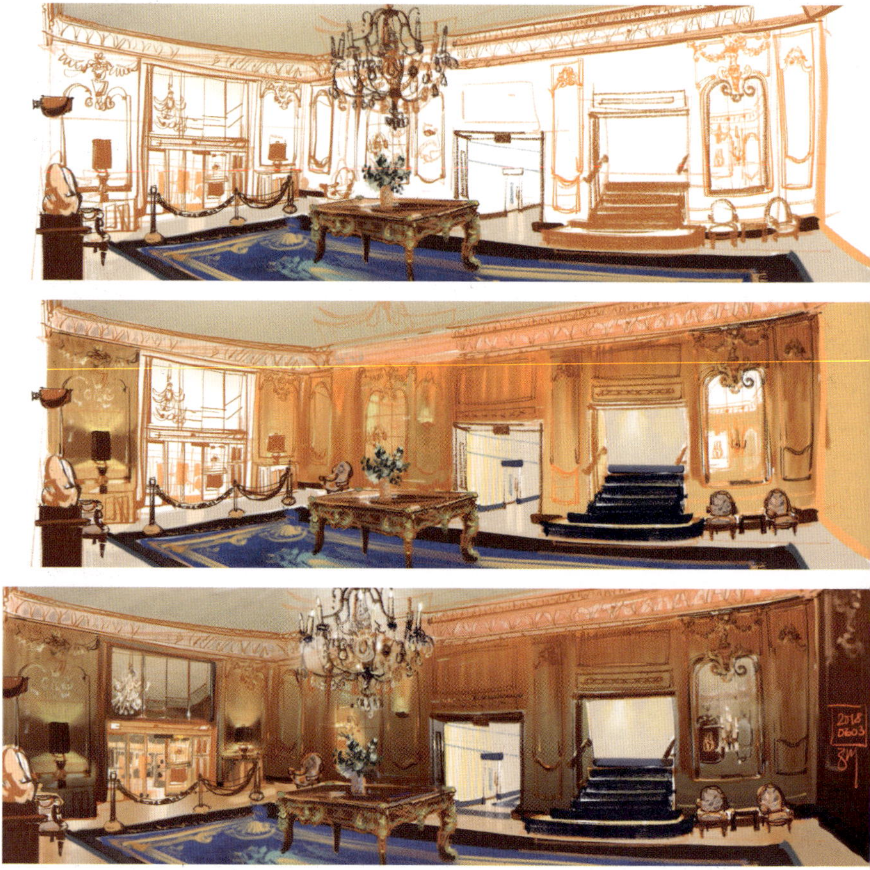

UMA KELKAR

Empfangshalle in Chicago

Procreate

Das Tablet als Kompositionswerkzeug für alle Medien

Gestaltungselemente haben sich nicht verändert, auch wenn das Medium ein anderes ist. Alle digitalen Zeichen-Apps erlauben das Kopieren und Duplizieren von Ebenen sowie von Teilen einer Zeichnung. Auf den duplizierten Ebenen des ursprünglichen Kunstwerks spiele ich mit Werkzeugen, um zu experimentieren und zu lernen, wie ich entweder beim nächsten Mal dieselben Fehler vermeiden oder die Perlen, die aus dem Experimentieren erwachsen, nutzen kann, um meine digitalen Zeichnungen zu verbessern.

Unschärfen für Tiefe

Mit *Kopieren & Einfügen* erzeugte ich drei Kopien derselben Zeichnung. Dann duplizierte ich die Ebene mit den drei Kopien derselben Zeichnung, um anschließend auf den duplizierten Ebenen ein Unschärfe-Werkzeug zu verwenden und zu schauen, was ich mit mehr oder weniger Unschärfe gewann oder verlor.

Wir wissen, dass Dinge, die weit weg sind von uns, nicht so klar umrissen scheinen. Durch das Verwischen der Bergkette bekam meine Zeichnung mehr Tiefe.

Unschärfen, um Fokus zu setzen

Um den Blick auf die interessanten Punkte zu lenken, werden Bereiche, die in einer Komposition als unterstützende Strukturen für den interessanten Punkt dienen, nicht sehr detailliert ausgearbeitet. Zuweilen vergessen wir dieses Ziel und verlieren uns in zu vielen Einzelheiten. Mithilfe der Unschärfe-Werkzeuge sehen wir, auf wie viele Details wir verzichten können, ohne dass die Zeichnung an Essenz einbüßt.

Ich habe eine Leinwandgröße gewählt, die der Ausdehnung der Szene entspricht, die ich festhalten wollte. Man kann die Leinwandgröße verändern, bevor man anfängt zu zeichnen: Eine größere Leinwand muss mehr Pixel speichern. Je nachdem, wie viel Speicher Ihre Zeichen-App verwendet, begrenzt die App die Zahl der Ebenen, die Sie hinzufügen können, denn sie muss mit jeder Ebene mehr Pixel speichern.

➲ UMA KELKAR

Unschärfe als Kompositionswerkzeug

Procreate

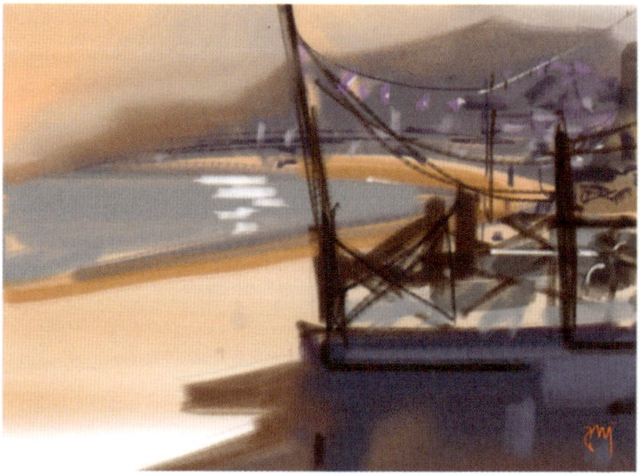

Das Weichzeichnen der Berge erzeugte Tiefe in der Komposition.

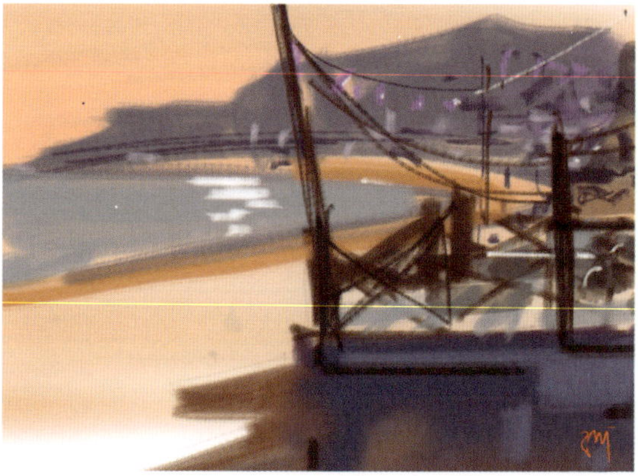

Ursprüngliches Kunstwerk

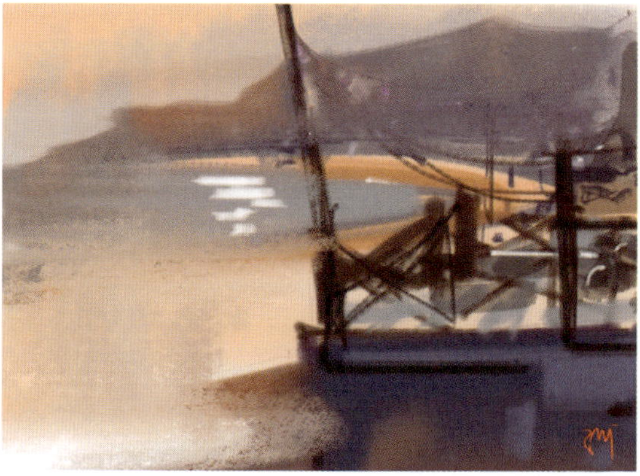

Durch Unschärfen tritt der Fokus deutlicher hervor.

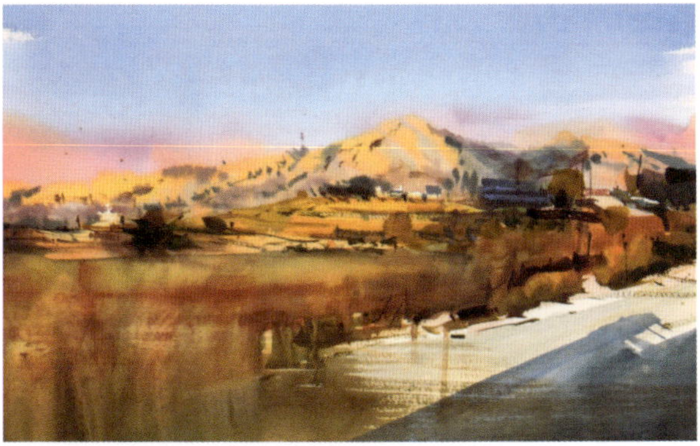

Tonwertkorrektur für Tiefe und Fokus

Dieses Bild habe ich mit traditionellen Medien draußen gemalt, fotografiert und auf eine Ebene importiert. Mit dem Auswahlwerkzeug konnte ich Teile des Gemäldes ausschneiden und jeweils auf eine separate Ebene verschieben, um mit der Deckkraft der Ebenen zu spielen: Wie viel Tonwertunterschiede brauchte ich zwischen Hintergrund, Mittelgrund und Vordergrund, um den Fokus auf dem Mittelgrund zu erhalten?

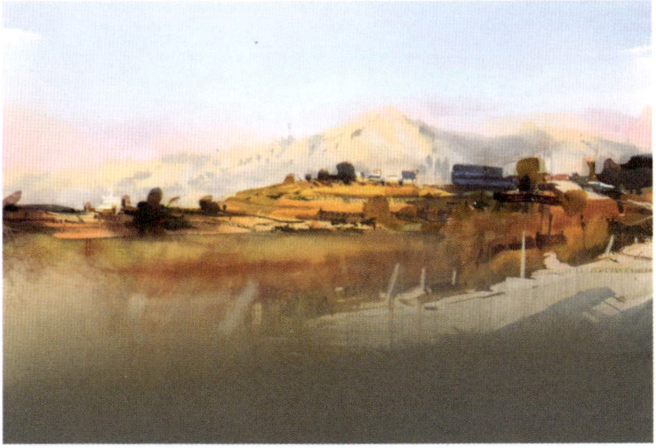

Weitere tolle Funktionen

Mit einigen digitale Anwendungen können Sie Ihre Pinselstriche aufzeichnen und zu einem Video zusammensetzen, das in einen Ordner auf Ihrem Gerät exportiert oder auf YouTube oder anderen Online-Communitys hochgeladen werden kann. Sich ein Video anzusehen, wie jemand seine Zeichnungen von Grund auf aufgebaut hat, kann lehrreich und unterhaltsam zugleich sein.

Miniaturskizzen

Fertigen Sie als Vorbereitung auf das Malen monochrome Miniaturskizzen an. Duplizieren Sie diese, nehmen Sie an jeder einige Veränderungen vor und vergleichen Sie die Miniaturskizzen nebeneinander.

Humberto und Jose machen Notan-Zeichnungen mit ihren iPads. Notan-Zeichnungen erkunden die Harmonie einer Komposition, nachdem diese in drei Tonwerte, dunkel, hell und Halbton unterteilt wurde. Eine harmonische Miniaturzeichnung inspiriert die weitere Ausarbeitung, egal mit welchem Medium Sie fortfahren.

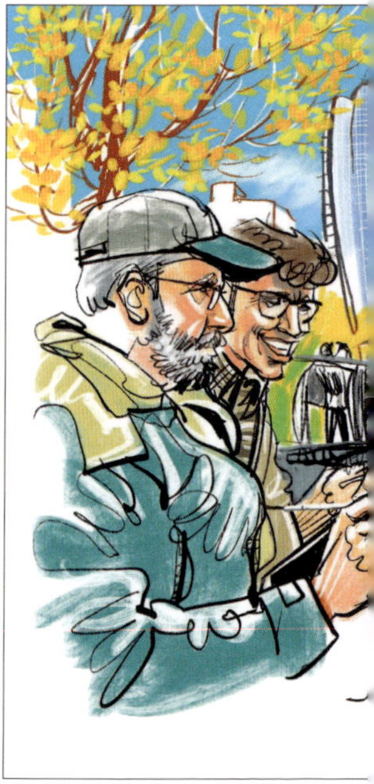

➲ **ROB SKETCHERMAN**
High Line NYC
Procreate

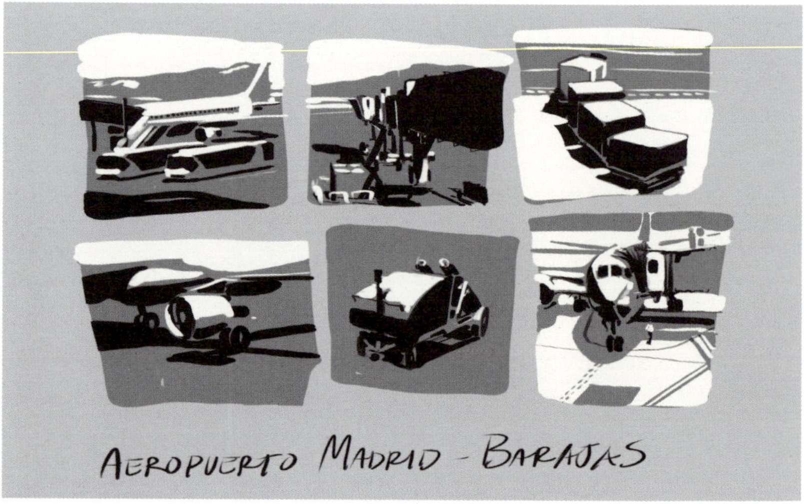

➲ **JOSE P. UREÑA**
Flughafen Madrid
Procreate

➲ **HUMBERTO MARUM**
Notan-Zeichnung
Procreate

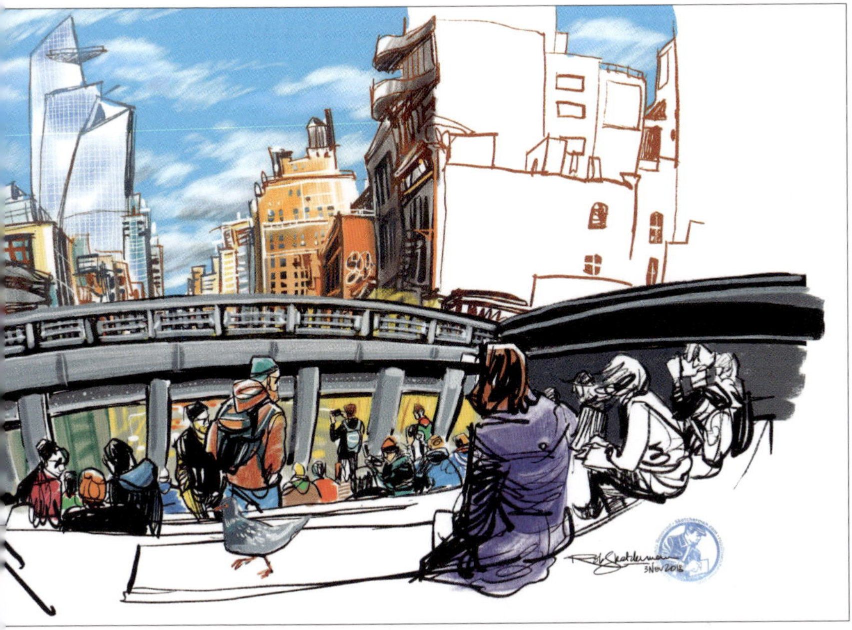

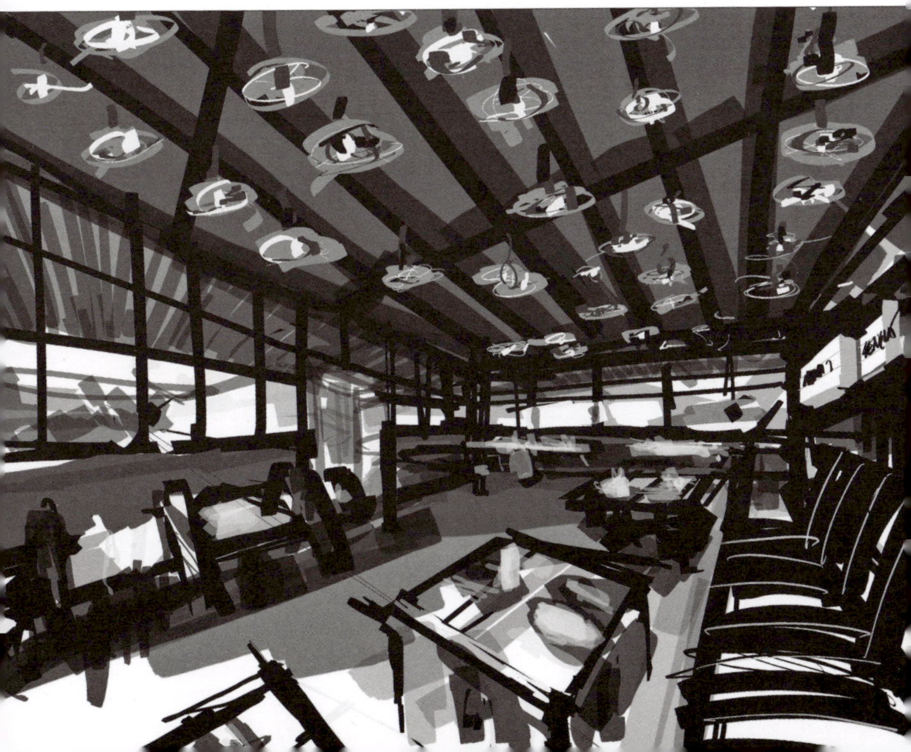

GALERIE I
STADTLANDSCHAFTEN
INNENRÄUME

UMA KELKAR
Das Kricketspiel läuft!
Procreate

HUGO COSTA
Eine Wohnung in Manhattan
Adobe Sketch

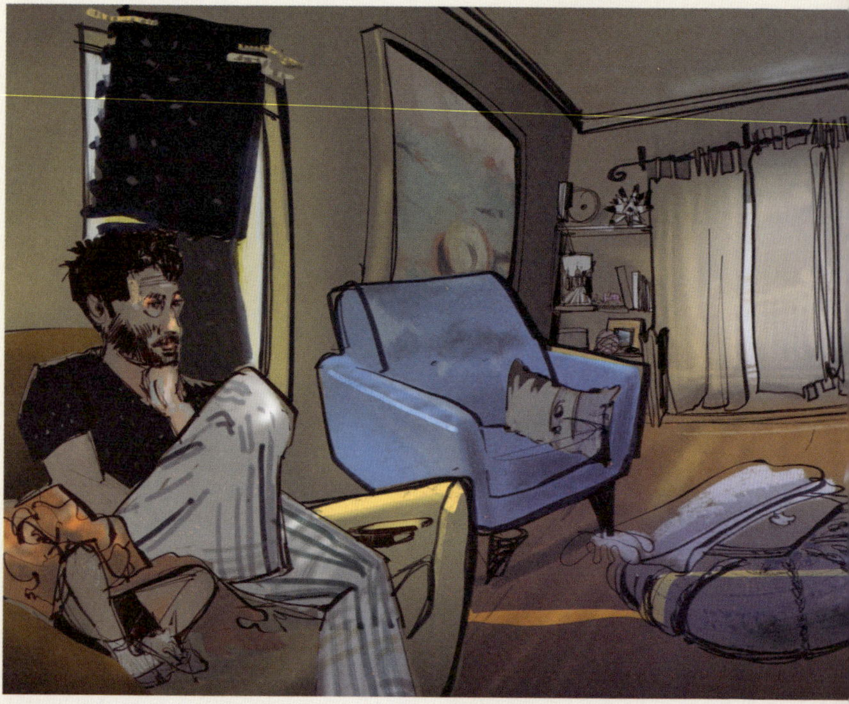

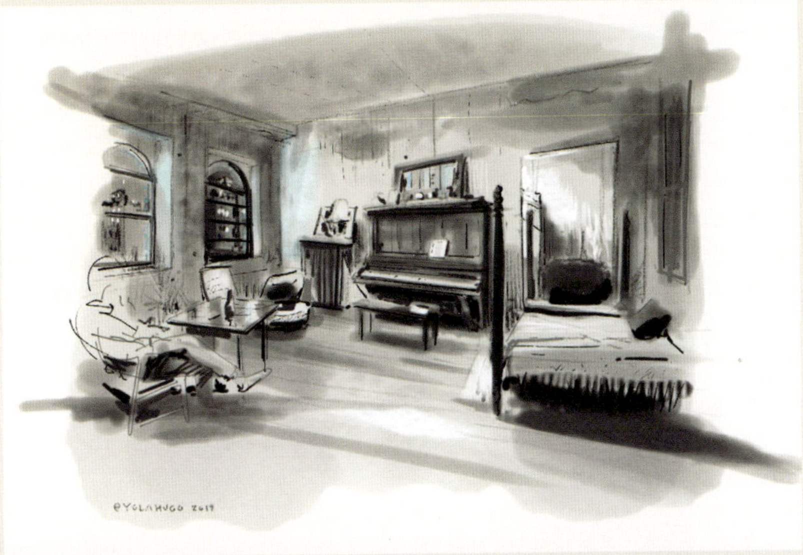
@YOLAHUGO 2019

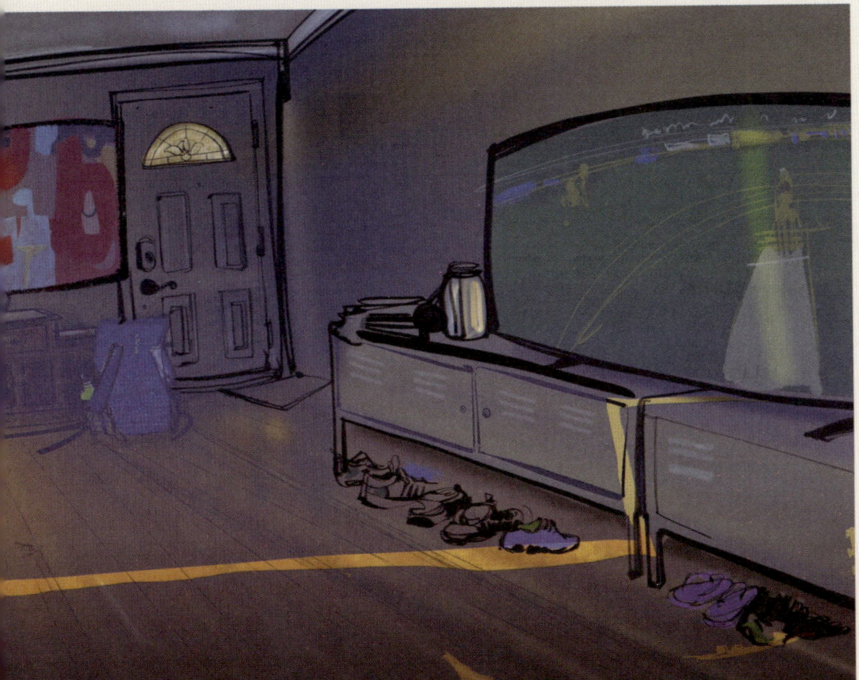

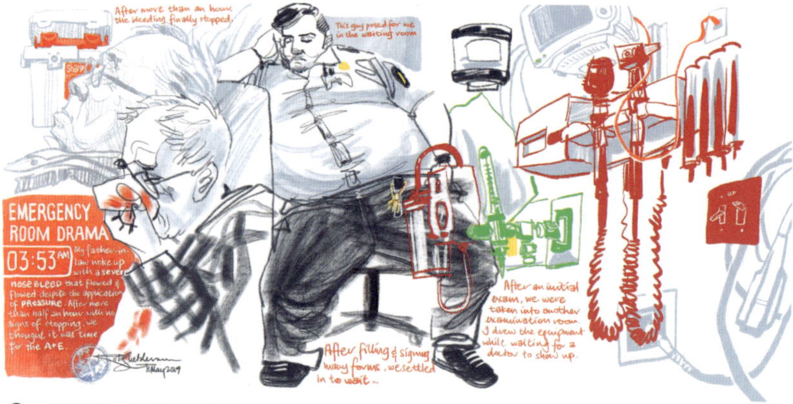

ROB SKETCHERMAN

Auf Genesung warten

Procreate

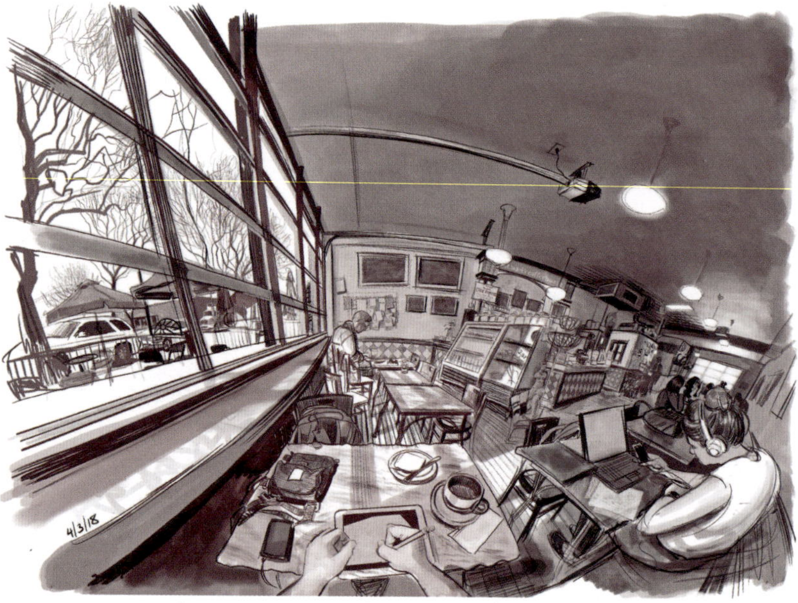

PAUL HEASTON

St. Mark's Coffeehouse

Procreate

»Ich mag Gelegenheiten, wo ich Innenraum und Außenraum gleichzeitig zeichnen kann, also wählte ich im St. Mark's einen Platz an den großen werkstattartigen Fenstern. Die Asymmetrie des dunklen, belebten Inneren des Cafés, das sich weit nach rechts erstreckt, im Kontrast zu den geparkten Autos und den Ästen der Bäume links erschien mir reizvoll.«

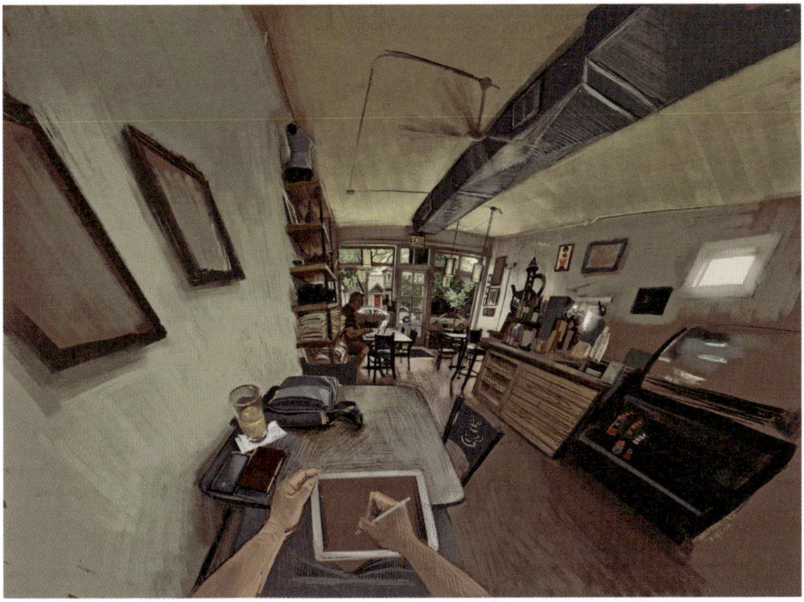

PAUL HEASTON

Whittier Cafe

Procreate

UMA KELKAR

Ikea

Procreate

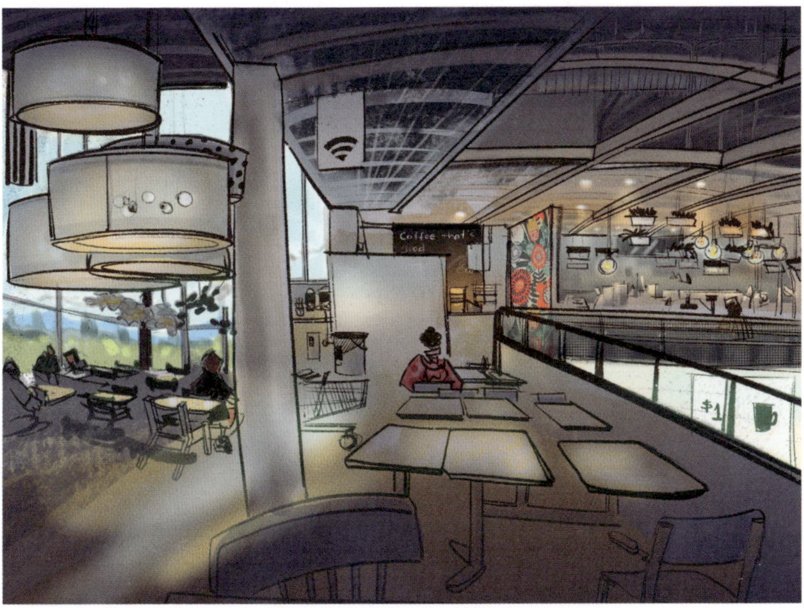

GALERIE II **STADTLANDSCHAFTEN** AUSSENRÄUME

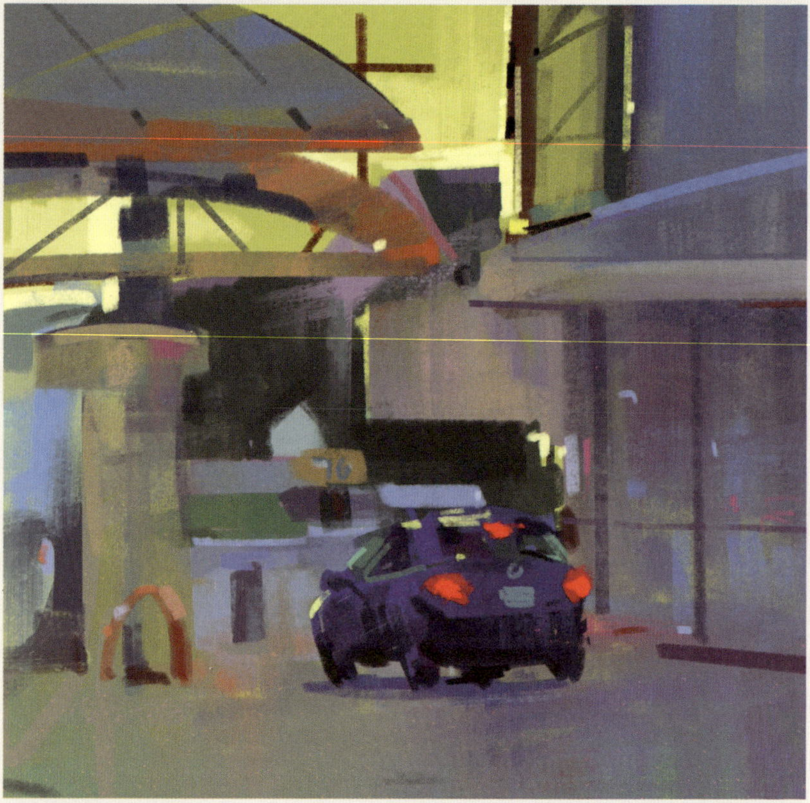

↑ STEVE SANDOVAL
Tankstelle
Procreate

»Ich bin besessen davon, auch aus der banalsten Alltagsszene etwas Interessantes zu machen. Hier dachte ich mir, wenn ich die Farben übertriebe und mich in Richtung Pastell bewegte, mit teils weichen Kanten, könnte ich ihr ein wenig mehr Charakter geben.«

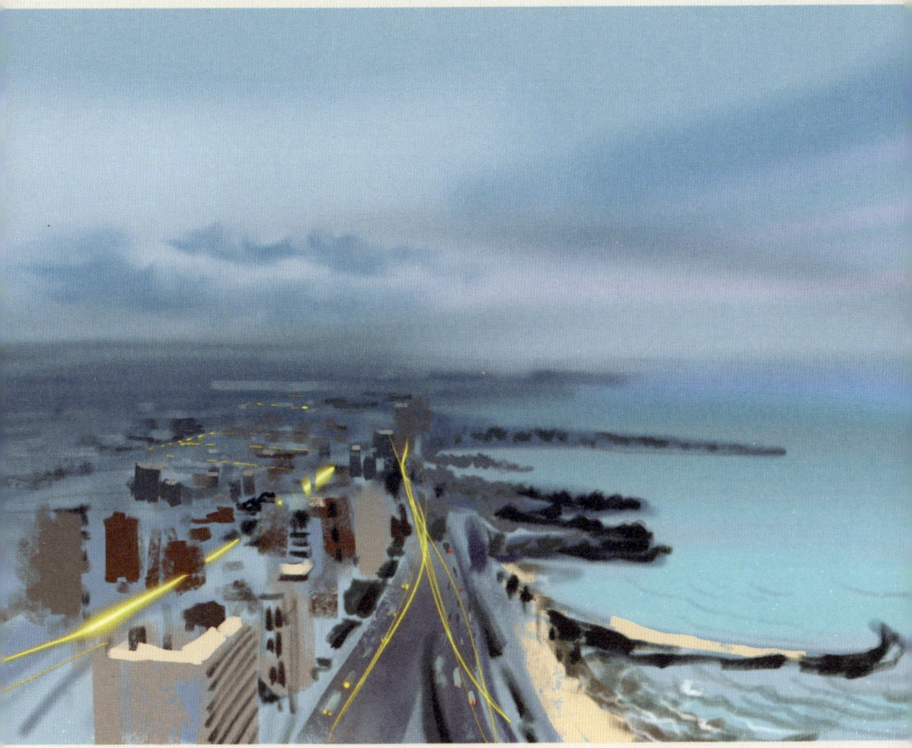

UMA KELKAR

Chicago

Procreate

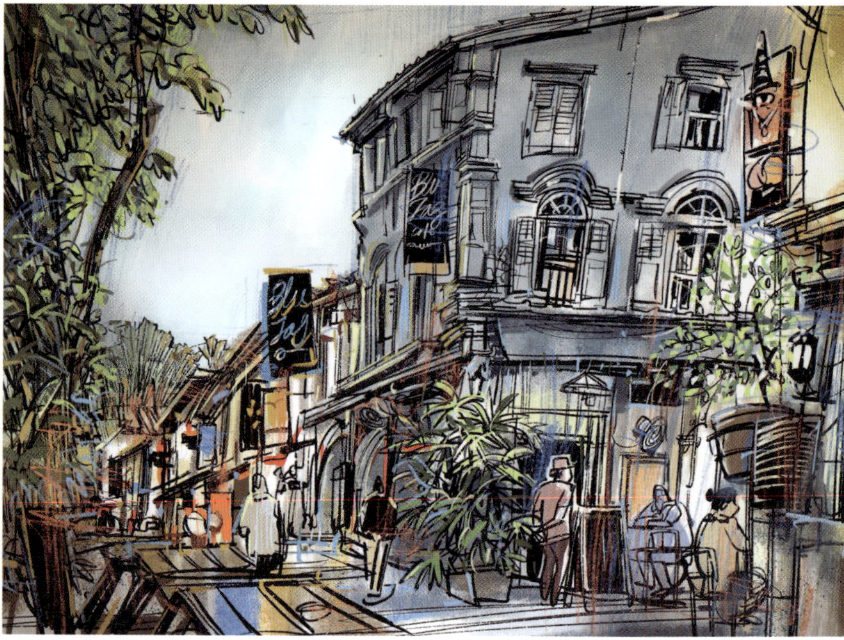

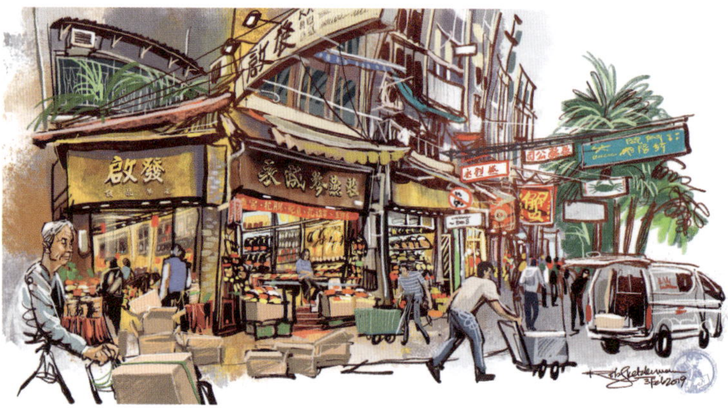

ROB SKETCHERMAN

Läden in Sheung Wan

Procreate

»Ein Spaziergang der Hongkonger Urban Sketchers führte durch dieses belebte Viertel, das für seine getrockneten Meeresfrüchte bekannt ist. Obwohl es ein Sonntagmorgen war, waren die Gehwege voller Menschen, die einkaufen gingen, und andauernd eilten Boten vorbei.«

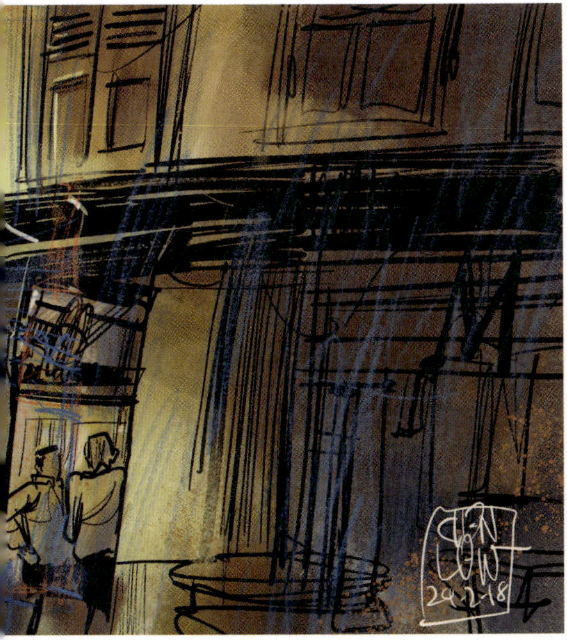

DON LOW

Kampong Glam

Procreate

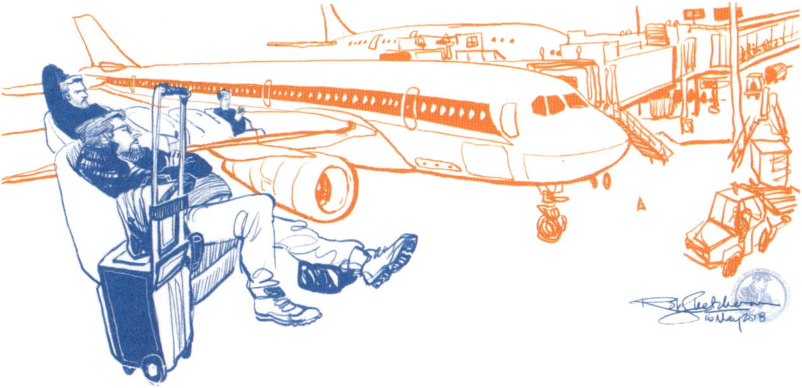

ROB SKETCHERMAN

Flughafen Singapur

Procreate

»Kurz vor dem Boarding ist es manchmal am einfachsten, eine Szene nur mit Linien und einem schlichten Farbschema festzuhalten.«

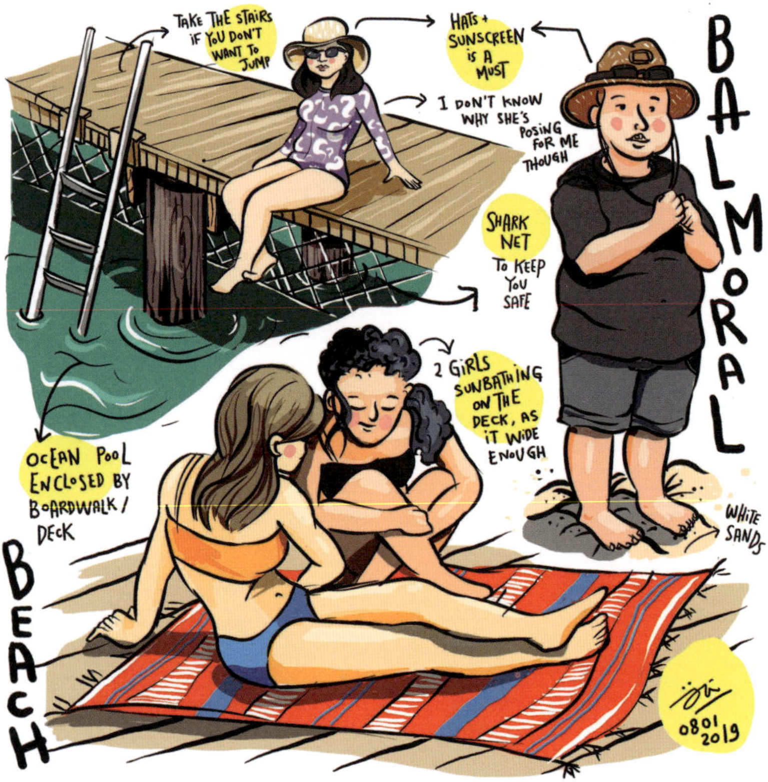

MUTIARA CININTA

Balmoral Beach

Procreate

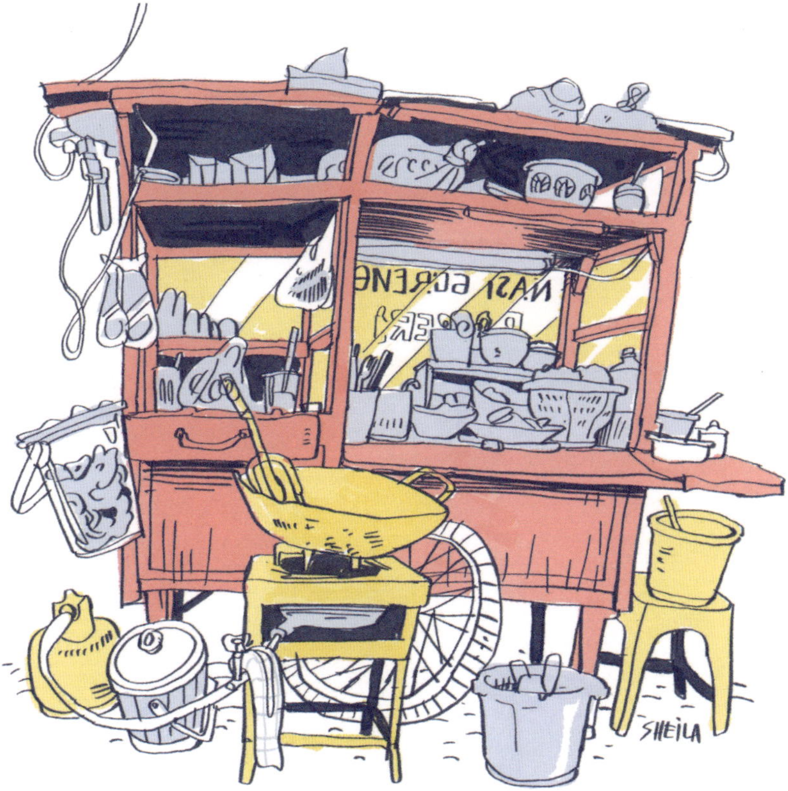

SHEILA R. PUTRI

Ohne Titel

Procreate

»Ich liebe diesen Blickwinkel, denn so konnte ich auch die vielen Details in dem Karren einfangen: Zutaten, Öfen, Gewürze, Kabel etc. Man sieht das authentische Durcheinander.«

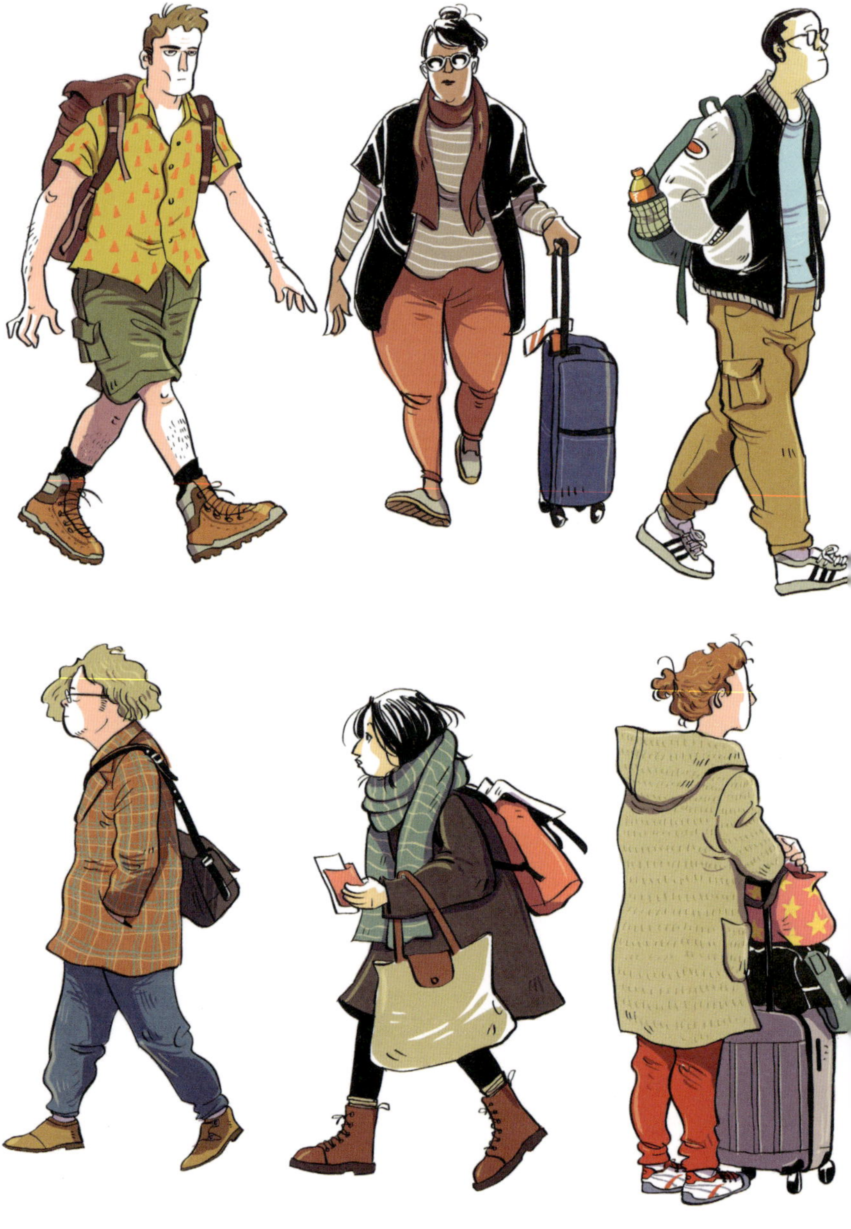

SHEILA R. PUTRI

Fluggäste in Heathrow 1

Procreate

»Dies entstand auf dem Weg zum Flughafen Heathrow, London. Es war eine lange Fahrt, und ich hatte viel Zeit, um die Gestik der Menschen festzuhalten. Ich hörte sogar mit an, dass das Paar vor mir nach Asien in den Urlaub fliegen wollte. In öffentlichen Verkehrsmitteln lassen sich Menschen immer gut zeichnen.«

UMA KELKAR

Das Beste aus den Niederlanden

Procreate

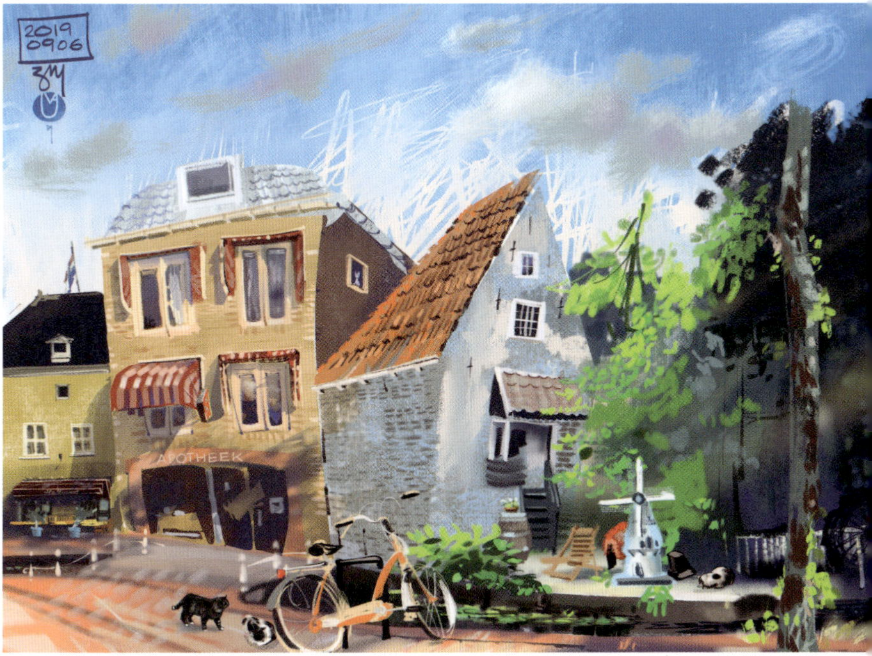

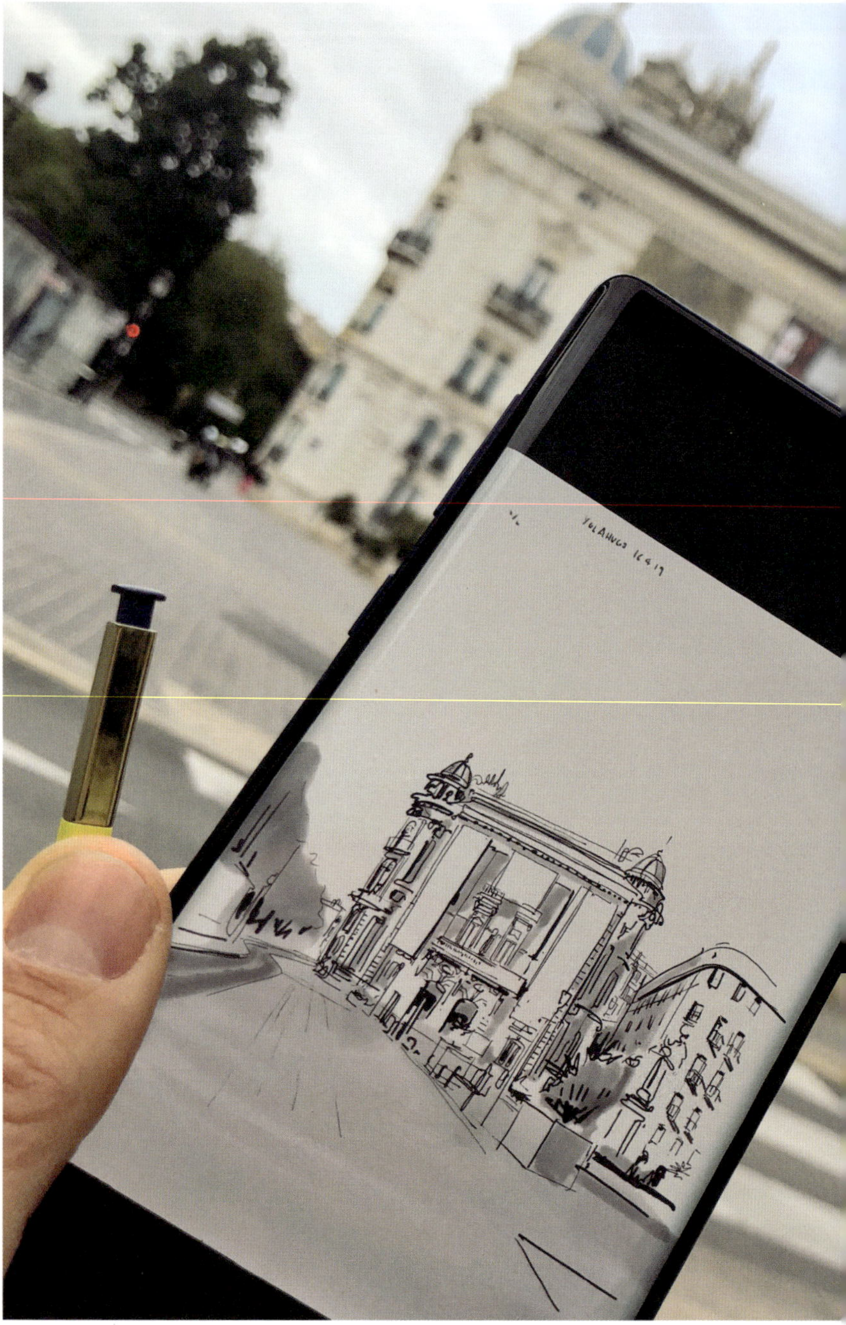

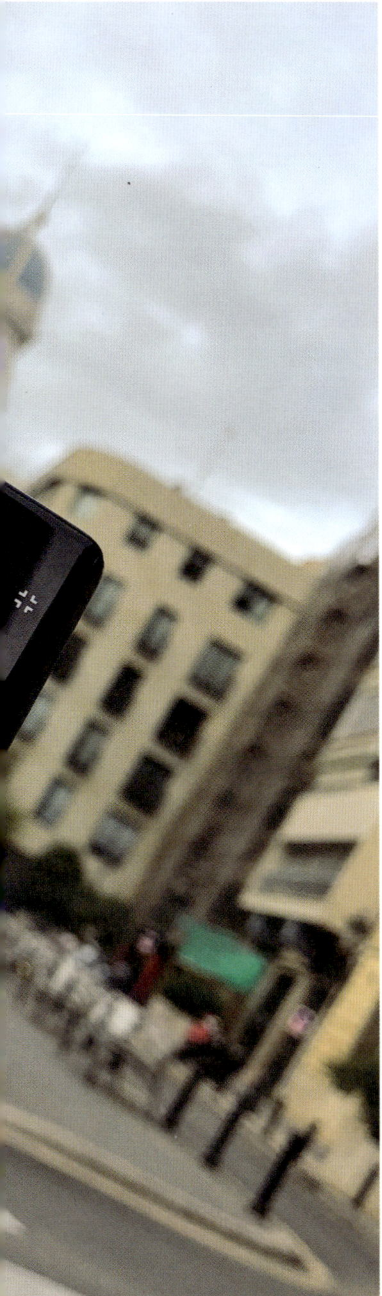

HUGO COSTA

Centro Cultura Bancaja, Valencia

Adobe Sketch

GALERIE III
LANDSCHAFTEN

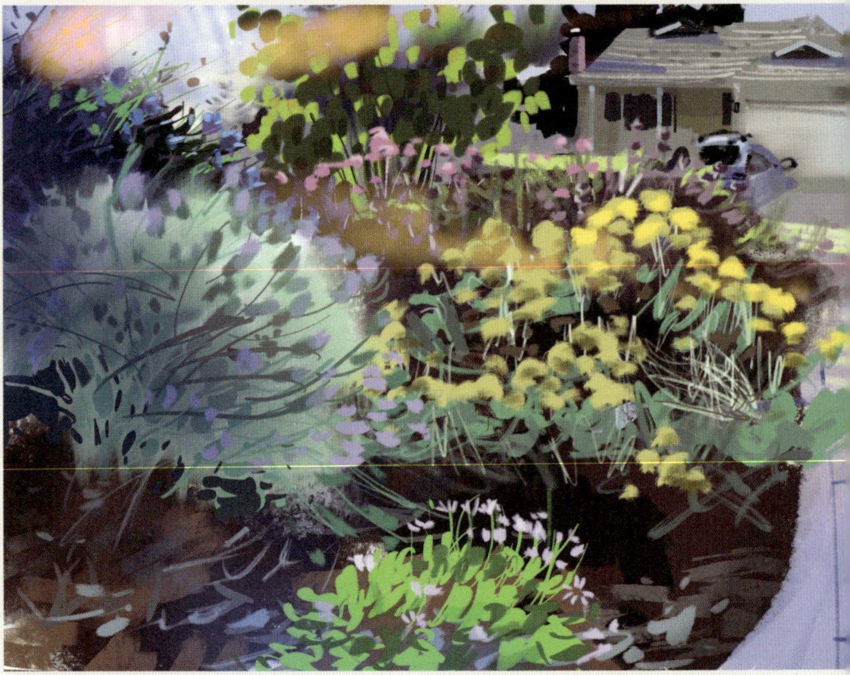

UMA KELKAR

Frühling in Kalifornien

Procreate

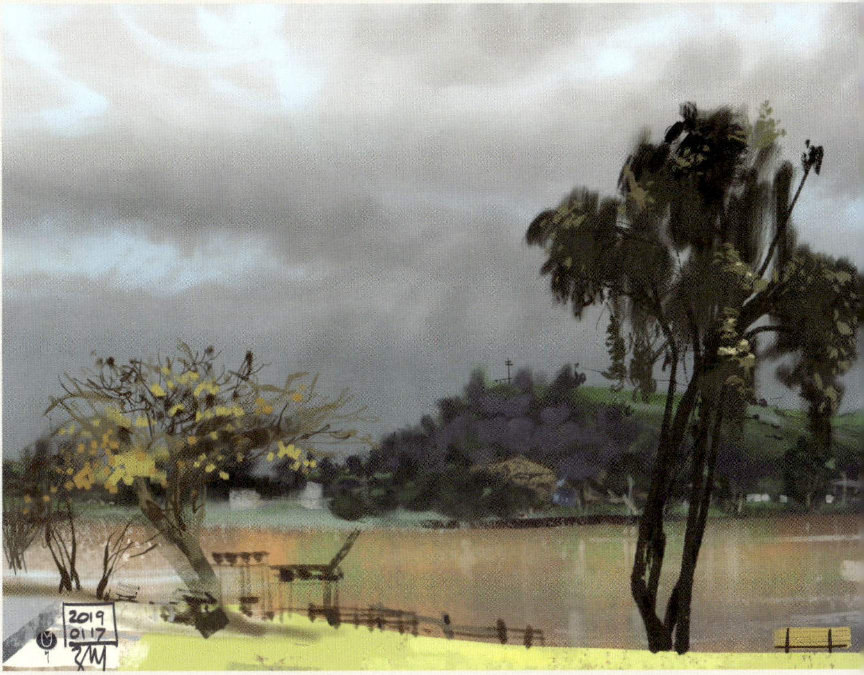

UMA KELKAR

Almaden Lake

Procreate

Ich stand im Stau, und hatte die Wahl: Entweder tobte ich hinter dem Lenkrad, oder ich fuhr an den Straßenrand, zeichnete und wartete, bis der Verkehr sich lichtete, bevor ich meine Reise fortsetzte. Ein iPad ist ein tragbares Atelier, und es hat sich auch in Situationen als hilfreich erwiesen, in denen ich sonst schlecht drauf gewesen wäre.

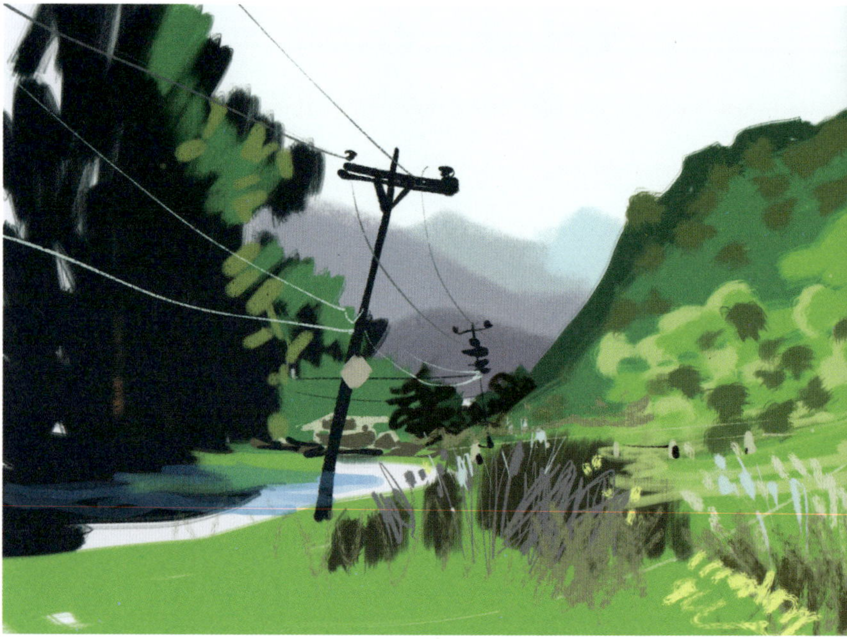

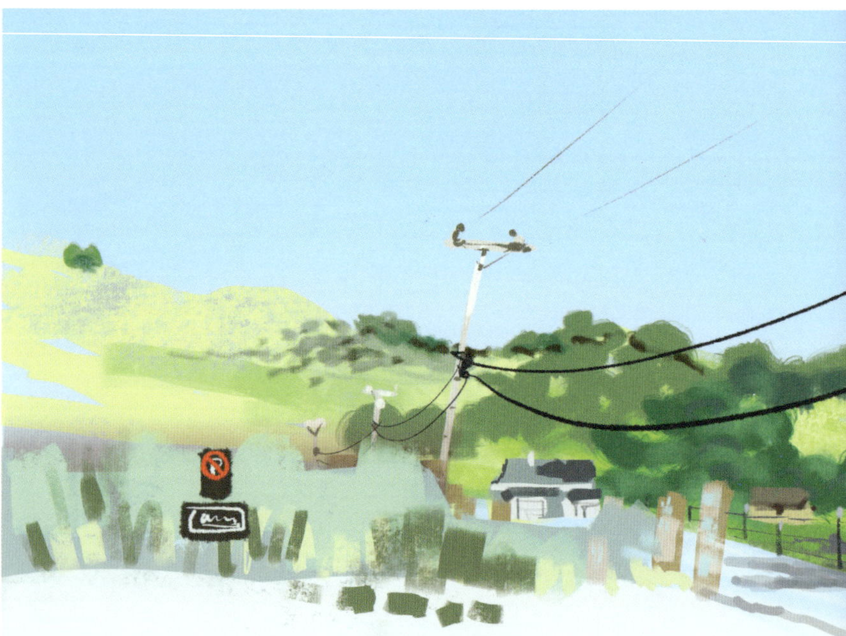

UMA KELKAR

Sentiero dei Fortini 1

Procreate

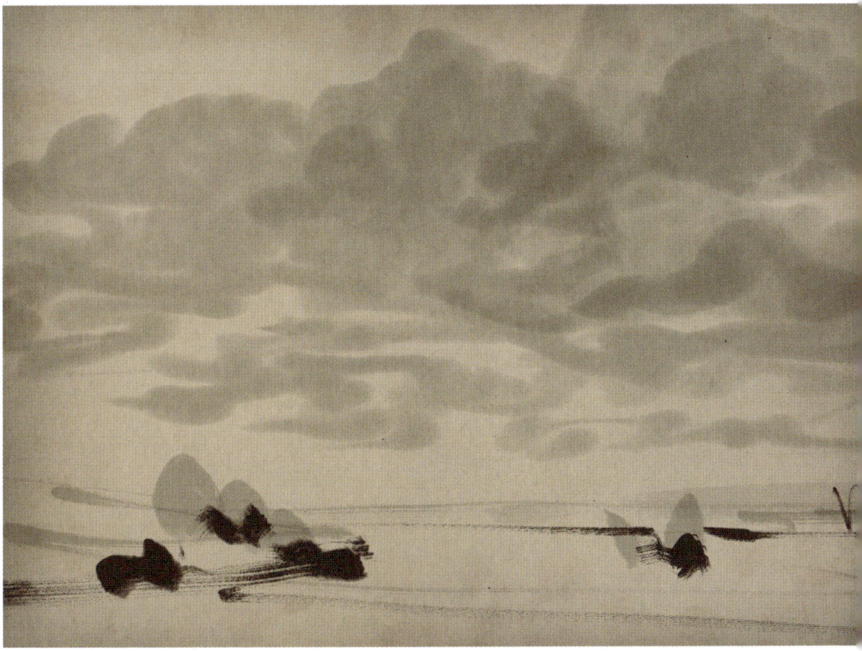

UMA KELKAR

Almaden

Zen Brush

Der Schlüssel zum Erfolg mit Zen Brush 2 ist das Verlangsamen. Die App macht wirklich das, was der Name verspricht. Da es nur eine Ebene, nur zwei Farben und beschränkte Möglichkeiten gibt, etwas rückgängig zu machen, zwingt diese App zum Vereinfachen. Ich bin ein absoluter Fan davon, denn es kommt der chinesischen Pinselmalerei mit Tusche sehr nah.

UMA KELKAR

Sentiero dei Fortini 2

Procreate

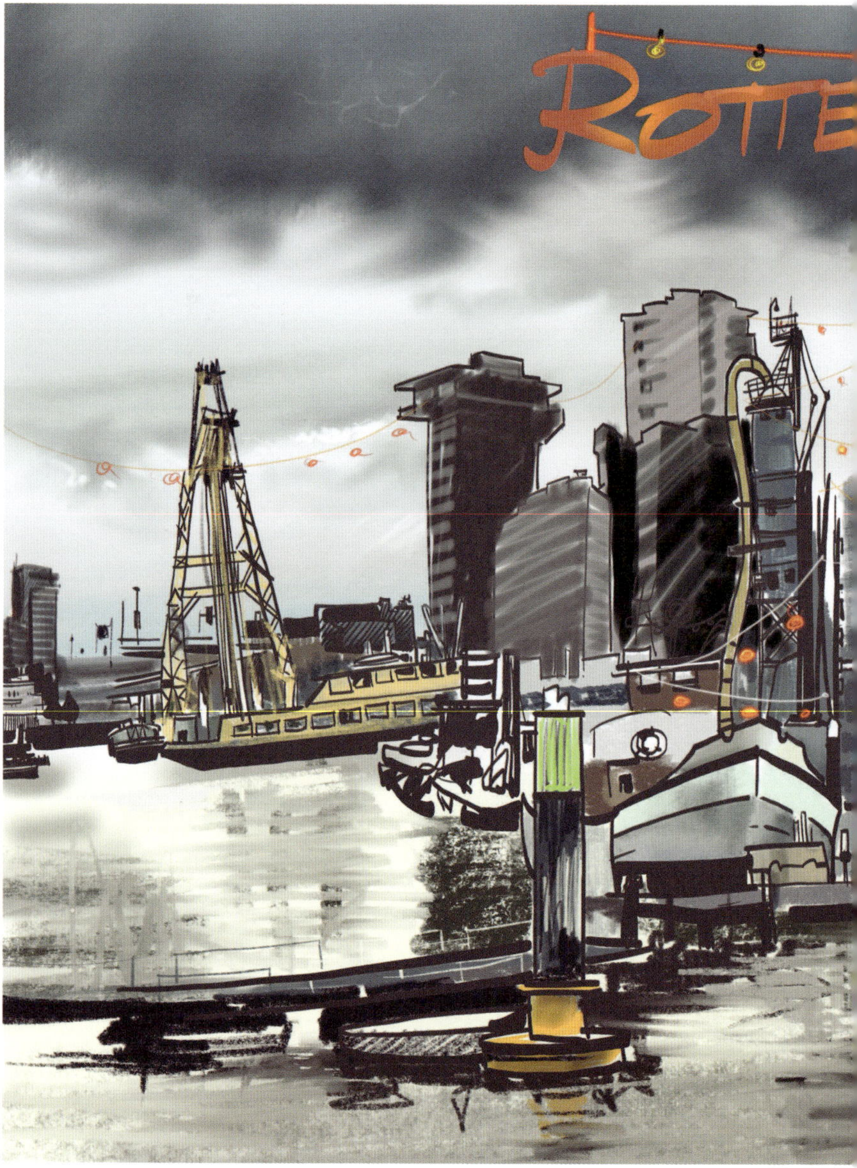
ROTTE

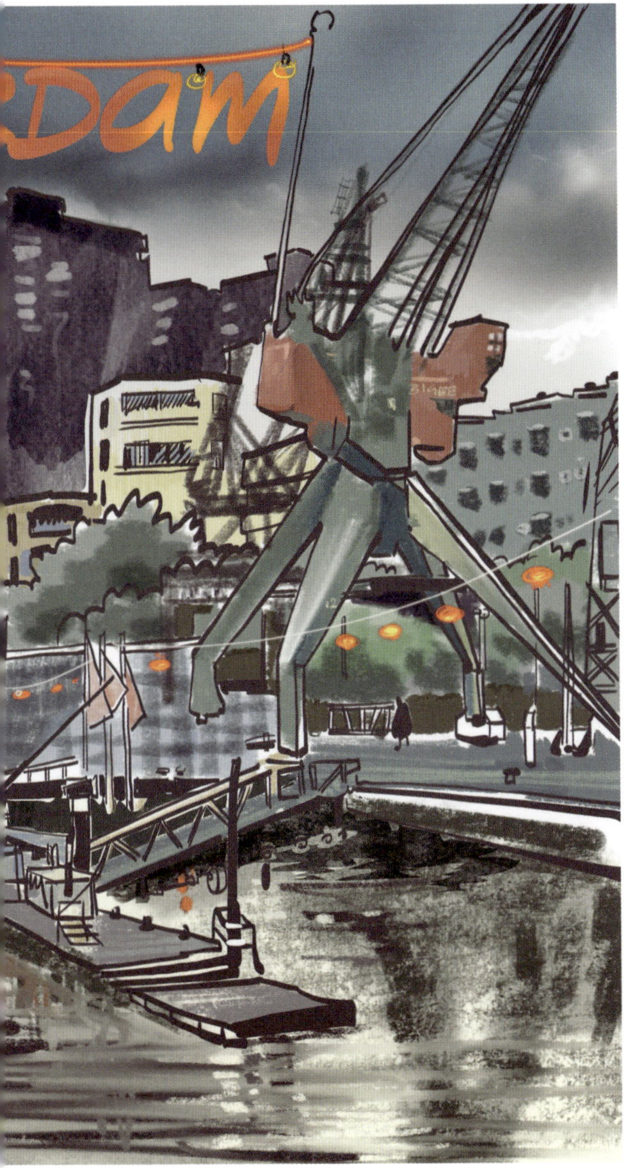

UMA KELKAR

Rotterdam

Procreate

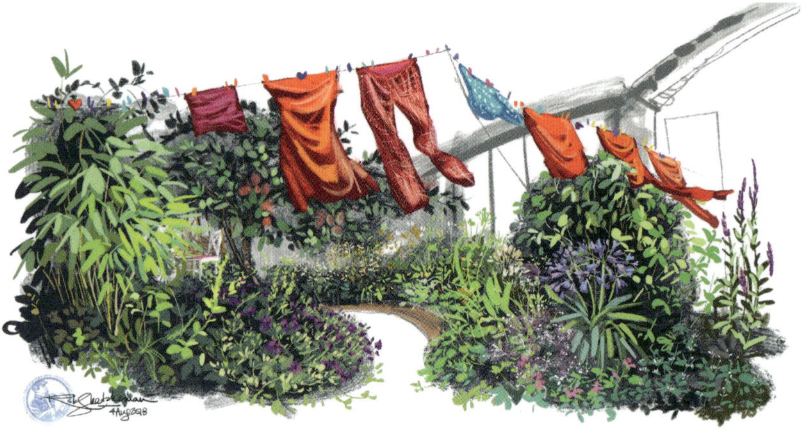

ROB SKETCHERMAN

Pats wunderschöner Garten

Procreate

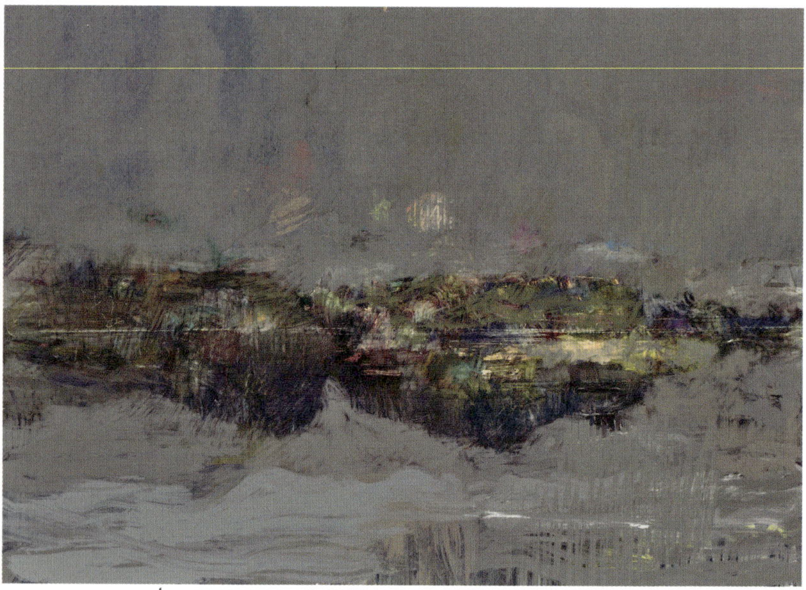

ANDREY MALYKH

Ohne Titel

Procreate

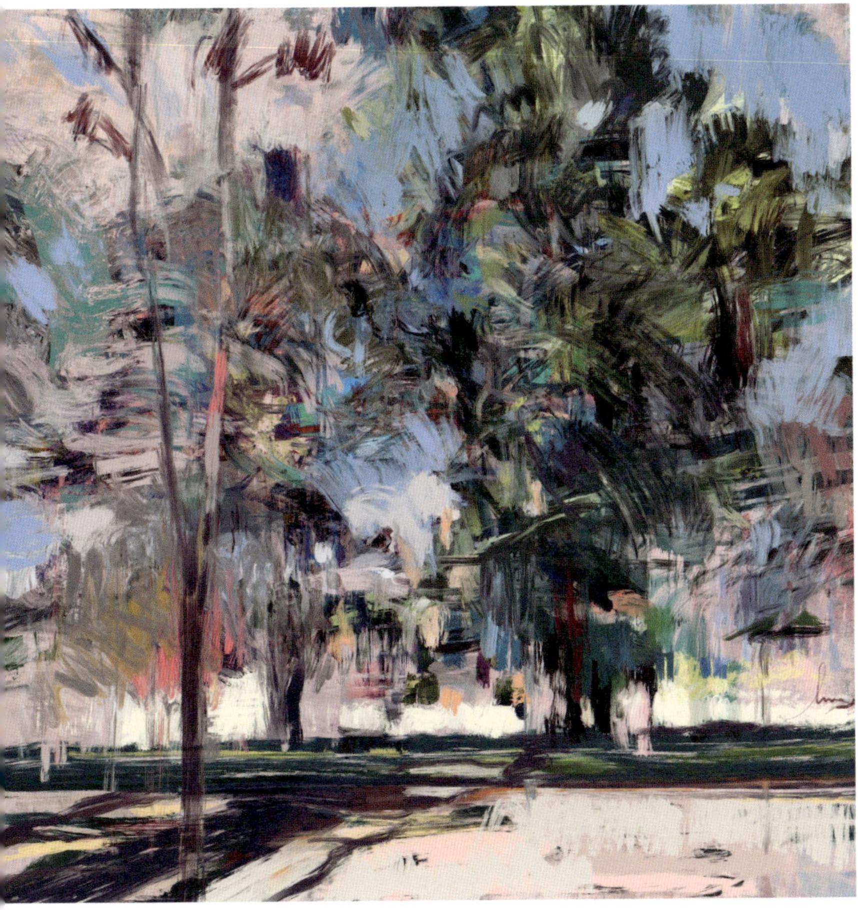

ANDREY MALYKH

Rumyantsev Garden, St. Petersburg

Procreate

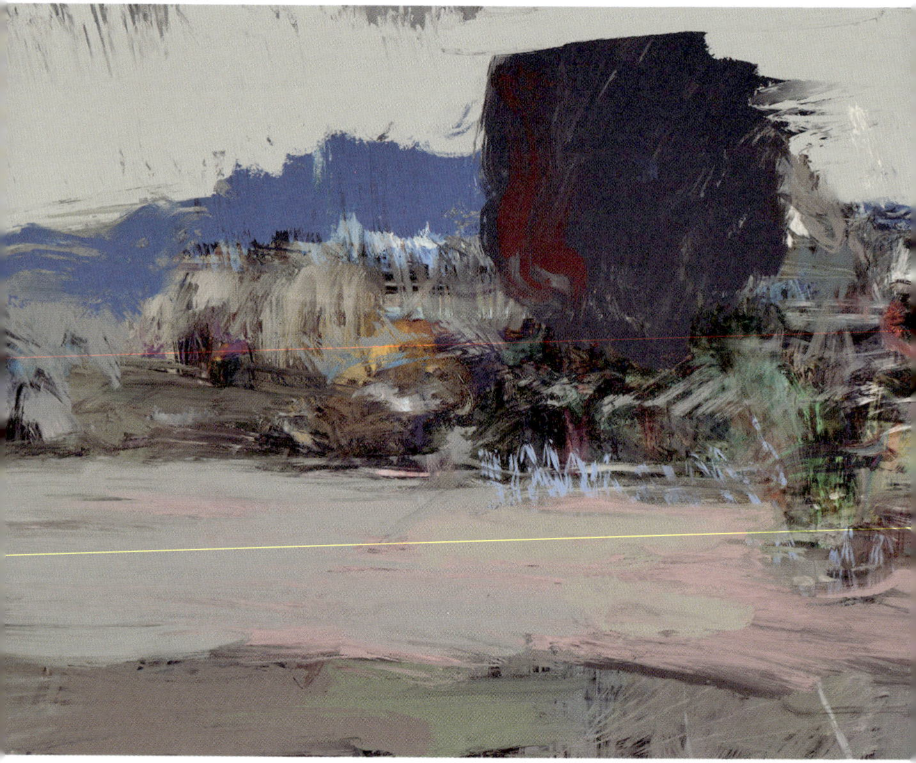

ANDREY MALYKH

Sommerlandschaft, Toksovo

Procreate

Andrey spielt mit seinen Landschaften, bis sie sich lesen wie ein großes Ölgemälde. Für ihn zählt Stimmung eindeutig mehr als Genauigkeit.

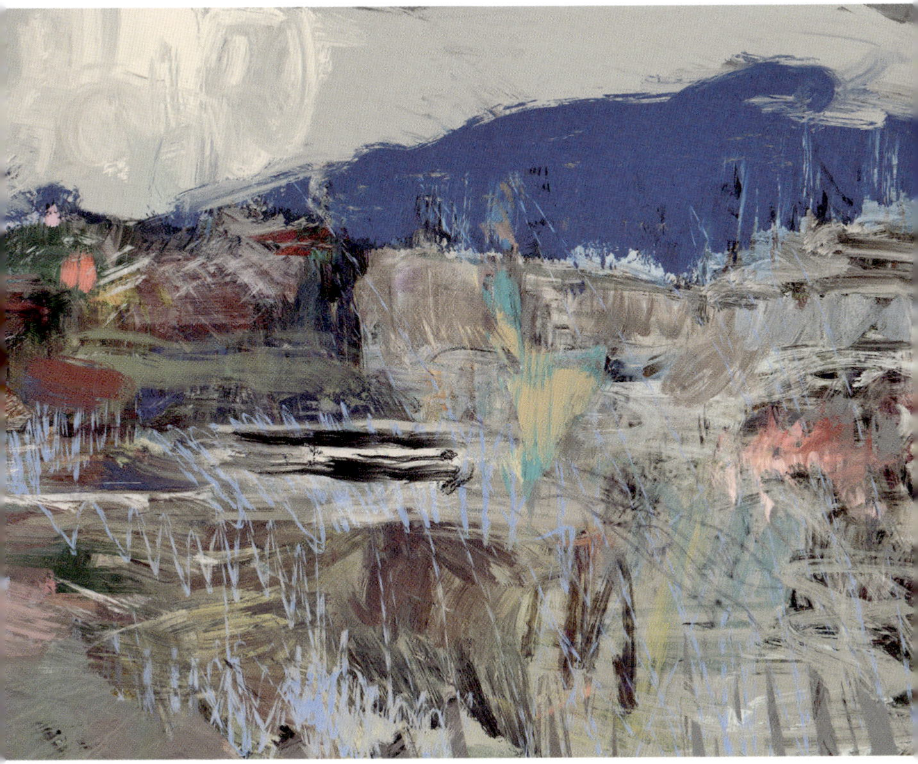

BETEILIGTE KÜNSTLERINNEN UND KÜNSTLER

Ananda Cansino Aran
Spanien
www.anandaaran.com

Andrey Malykh
Russland
www.instagram.com/barindoma

Don Low
Singapur
www.donlow-illustration.com

Enrique Ferrando Perez
Spanien
www.instagram.com/eferrandoperez

Gabi Campanario
USA
www.instagram.com/gabicampanario

Hugo Barros Costa
Spanien
www.instagram.com/yolahugo

Humberto Marum
Australien/Portugal
www.instagram.com/maun_marum

Jose Pablo Ureña
Costa Rica
www.instagram.com/jpurbansketches

Kate Barber
USA
www.instagram.com/kate5667

Kavya Shankar
USA
www.instagram.com/kavyasart

Mutiara Cininta
Indonesien
www.instagram.com/mutiaracininta

Patricia Gaignat
USA
reclinerart.wordpress.com

Paul Heaston
USA
www.instagram.com/paulheaston

Rob Sketcherman
Hongkong
www.sketcherman.com

Robert A. Laine
Großbritannien
robertlaine.artweb.com

Severine Colmet Daage
Frankreich
www.sevthequeen.com

Shari Blaukopf
Kanada
www.shariblaukopf.com

Sheila R. Putri
Indonesien
www.instagram.com/sheilasplayground

Steve Krapek
USA
www.instagram.com/steve__krapek

Steve Sandoval
USA
www.instagram.com/sketchinsteve

Urmila Menon
Hongkong
www.instagram.com/urmimenon

DANK

Von Herzen dankbar bin ich den Künstlerinnen und Künstlern, die mir erlaubt haben, ihre Arbeiten in diesem Buch zu zeigen. Eure Bilder geben dem Inhalt des Buches Tiefe und ein breiteres Fundament. Danken möchte ich auch Gabi Campanario, dem Gründer der Urban Sketchers, dafür, dass er nicht nur ein Netzwerk für Zeichnerinnen und Zeichner rund um den Globus aufgebaut hat, sondern auch dafür, dass er mich mit Mary Ann Hall zusammenbrachte – der stets pragmatischen und verlässlichen Lektorin bei Quarto Publishing. David Martinell möchte ich für seine professionellen Einblicke und Hilfe danken und der Grafikerin Claire MacMaster, Geschäftsführerin von Barefoot Art Graphic Design, dem Programmmacher John Gettings, der Lektorin Jenna Patton und der Korrektorin Lorraine Savage. Ein großes Dankeschön an die ganze Urban-Sketchers-Community, die mich täglich inspiriert und trägt.

Für meinen Fels in der Brandung, Mahesh, und meine Kinder, Arin und Aarav, die mich mein Ding machen lassen und meine Besessenheit von der Kunst als einen ganz normalen Teil des Lebens akzeptieren.

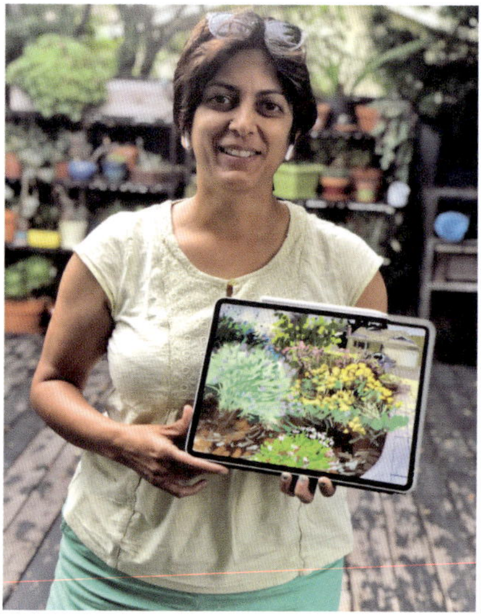

ÜBER DIE AUTORIN

Uma Kelkar ist Künstlerin und Ingenieurin. Sie lebt mit ihrer Familie in San Jose, Kalifornien. Ursprünglich stammt sie aus Indien und malte schon als Teenager, während sie an den Wochenenden Kindern kostenlosen Malunterricht erteilte.

Nach einer Unterbrechung von sechzehn Jahren hat sie das Malen und Zeichnen wieder aufgenommen und seither nicht mehr damit aufgehört. Sie unterrichtet zu Hause und international, bei den internationalen Symposien der Urban Sketchers und in deren Workshops. Das Jonglieren mit einem technischen Beruf und einer wachsenden künstlerischen Tätigkeit bestimmt ihr Leben. Sie ist überzeugt, dass sich beides gegenseitig befruchtet, dass ihre Arbeit als Ingenieurin sie zu einer besseren Künstlerin macht und umgekehrt.